56 Hauben
aufgekocht & abgebrüht

Stars der österreichischen
Kochkunst kochen auf

und erlauben
mit Schnappschüssen
aus den Privatarchiven
einen Einblick
in die Welt
der Haubenküche

Raimund Stani

Milde Verlag

Raimund Stani

Am Anfang war es ein Versuch, in das übliche „Küchenschmalz" eine Prise mehr Esserlebnis zu bringen, aber eigentlich war es, wie man so sagt, eine „b'soffene G'schicht", als Wolfram Winkler, seines Zeichens Journalist und Drehbuchautor, und Christian Kaufmann, Wirt und Gatte von Brigitte Kaufmann, und ich an einem kalten Februartag in seinem behaubten Restaurant zusammensaßen und darüber nachdachten, was wir wohl zur Ehre unseres Berufsstandes anstellen sollten.

Kaufmann philosophierte darüber, ob die Gaumen aller Gäste, die jemals sein Lokal betreten, den feinen Kochkünsten seiner Brigitte Paroli bieten können. Winkler wollte, dass er mit allen Gästen, die er beruflich ausführte, und er führte viele aus, in jedes x-beliebige Lokal in Kärnten gehen kann, ohne Angst zu haben, kein kulinarisches Hochgefühl zu erleben. Und ich träumte davon, alle im Gastgewerbe, inklusive mich zu schulen, damit wir den Ansprüchen der beiden gerecht werden können. Quasi, Oberlehrer der Nation.

Aber irgendwann, ich glaube es war nach der dritten Flasche Riesling vom Knoll, kam, so unglaublich es klingt, die Ernüchterung, dass unsere hochtrabenden Visionen schwer umsetzbar sind. Kaufmann meinte, ihm sei es ohnehin recht, wenn die Gourmets weiterhin zu ihm kommen, und Winkler kam zu der Einsicht, dass er sowieso immer die gleichen Lokale besuche. Ich tat kund, meine Idee funktioniere schon aus rein zeitlichen Gründen nicht. Dass mir auch eine Menge Know-How fehlte, hat keiner von uns so richtig registriert.

Die Initialzündung kam aber von Brigitte Kaufmann, die uns zu unserer Ertüchtigung einen weiteren Happen kredenzte, ihn beschrieb, und sagte: „So ähnlich macht es auch der Josef Viehhauser in Hamburg, übrigens auch ein Kärntner. Warum machen wir nicht ein Menü mit je acht hochdekorierten Köchen?" Das kulinarische Oktett war geboren.

Von diesem Abend weiß ich nur noch, dass wir viele begnadete Kärntner Köche im Ausland aufzählten, einmal kamen wir sogar auf 28 Hauben pro Menü, und eine Doppelmagnum Château Haut Marbuzet „aufrissen" - zur Feier des Tages.

Zwei Wochen später traf ich Prof. Michael Reinartz in Salzburg, der mir sogleich eine Verbindung zu seinem Gault Millau Journal herstellte, weshalb ihm auch unser Dank an dieser und anderer Stelle gebührt.

So traf man sich von nun an jedes Jahr am letzten Montag im August im Golf-Parkhotel Velden zum kulinarischen Oktett. Alle in diesem Buch mitwirkenden Köche sind an den Wörther See gekommen, haben einen „Top Job" abgeliefert – unentgeltlich – und jedesmal hundert Gästen, das war das Limit, das kulinarische Erlebnis beschert, von dem wir anfangs geträumt hatten.

Josef Viehhauser, der übrigens bei allen Oktetts dabei war, brachte auch die Anregung, unser Zusammensein in Buchform zu dokumentieren. Gesagt ist aber noch lange nicht getan, denn so ein Buch bereitet Arbeit, Anstrengungen und Kosten. Irgendwann hatten wir alle Fotos und Rezepte beisammen, aber niemanden, der das Buch verlegt.

Wie das Leben so spielt, kam mir mein alter Freund Sepp Baldrian, mit dem ich viele „Weing'schichtln" gemacht habe, in die Quere. Baldrian ist ein Typ, der jedem sagt, was er sich denkt – nicht ganz diplomatisch, aber was ihn auszeichnet: er begründet es auch. Er war vorerst von unserer Buchidee verhalten begeistert, aber je mehr ich ihm davon erzählte, desto „zutraulicher" wurde er. Tage danach rief er mich an (ich glaube heute noch, er wollte mich nur maßregeln, weil ich für die Internet-Seite www.wein.aon.at wieder einmal nicht termingerecht meine Bewertung abgeliefert hatte), er kenne jemanden, dem mein Projekt gefallen könnte.

Und so kam Herbert Stiefvater ins Spiel – nein, es blieb nicht in der Familie, er heißt so – der für mich und unser Buch Fortuna spielte. Er war es, der im wahrsten Sinne des Wortes die Zügel in die Hand nahm und mich mit Daten und Fakten konfrontierte, und das Projekt mit einer Geschwindigkeit, mit der ich manchmal nicht mitkam (ist halt die Jugend), zu Ende führte.

Am Anfang war es ein Versuch – oder wie man sagt, eine „b'soffene G'schicht", und jetzt halten Sie unsere Idee als Druckwerk in Händen.

Vielleicht stimmt's doch? „Im Wein liegt die Wahrheit!"

Viel Spaß beim Schmökern und Nachkochen – oder wie Harald Fritzer zu sagen pflegt:

„In kulinarischer Verbundenheit!".

Ihr Raimund Stani

Danksagung

Mein besonderer Dank ergeht an:
Alle im Buch dargestellten **Köch/Innen** mit ihren „**Commis**",
Prof. Michael Reinartz, Herausgeber von Gault Millau,
Christoph Wagner, Verfasser der Lebensläufe,
Josef Viehhauser, der viele Kontakte geknüpft hat und so manches logistische Problem im Hintergrund löste,
Willy Feyock, Besitzer des Golf-Parkhotel Velden, der für alle unsere Ideen ein offenes Ohr hatte und sein Hotel gerne als Bühne überlassen hat,
Ferdinand Neumüller, Fotograf, der ganz Österreich bereiste und von unseren Akteuren in ihren Lokalen so gut aufgenommen wurde, dass er heute noch schwärmend von dieser Art der Gastronomie erzählt,
Michael Milde, Milde Verlag, und besonders seiner **Eva-Maria**, die uns all die Jahre pressemäßig ins rechte Licht rückte.
Außerdem
Gert Oberdünhofer, dem weitblickenden und stets bereiten Strategen und Freund,
Michaela Vido, die emsig archivierende und stets kontaktknüpfende gute Fee,
Ulrike Horn, die kühle Rechnerin mit dem spitzen Stift,
Erwin Putzenbacher und **Josef Juritz**, die „Vollstrecker" im Service und in Sachen Wein.
Allen **Gästen** und **Journalisten**, die sich jedes Jahr zum kulinarischen Oktett in Velden eingefunden haben und jedem einzelnen Mitarbeiter, mit dessen Hilfe solche Feste erst durchführbar sind.
Nicht zu vergessen
Veronika, **Martina** und **Raimund**, die mich trotz der 16 Stunden-Tage, die oft Wochen dauerten, nicht von unserem Familienleben ausschlossen.

Bildnachweis

Coverfoto: DIGIDIAS, Egon Rutter: Seite 2, **Peter Angerer**: Seite 162, **Studio Brunner**: Seite 154, **Walter Cimbal**: Seiten 130, 134, **Gert Eggenberger**: Seiten 20, 24, 44, 52, 112, 140, 148, 156, 164-167, **Walter Fritz**: Seiten 22, 44, 48, 112, 140, 164-167, **Eduardo Martins**: Seite 28, 164-167, **Michael Milde**: Seiten 30, 46, 50, 62, 70, 86, 98, 110, 114, 126, 138, 142, **Ferdinando Neumüller**: Seiten 18, 22, 26, 34, 38, 42, 46, 50, 54, 66, 78, 94, 102, 104, 106, 118, 122, 164-167, **Stephan Maria Rother**: Seite 90, **Foto Oberleithner**: Seiten 154, 168

Impressum

© **Milde Verlag Ges.m.b.H.**, Siemensstraße 7, 1210 Wien, Tel. 01/277 03
Satz/Layout/Litho/Produktion: Milde Verlag Ges.m.b.H.
Grafische Idee (Konzept): Franz Liebminger, Michael Poché
Idee/Inhalt: Raimund Stani
Lektorat: Karin Farnberger, Bea Klug, Sabine Lorenz
Weinbeschreibungen: Sepp Baldrian
© 2004
Das Werk ist urheberrechtlich geschützt. Die dadurch begründeten Rechte, insbesondere das der Übersetzung, des Nachdrucks, der Entnahme von Abbildungen, der Funksendung, der Wiedergabe auf fotomechanischem oder ähnlichem Wege und der Speicherung in Datenverarbeitungsanlagen, bleiben, auch bei auszugsweiser Verwendung, vorbehalten.

ISBN: 3-901205-20-9

Ing. Mag. Rudolf Fischer

Mit der Positionierung als kulinarische Genussregion im Herzen Europas hat sich Österreich ein unverwechselbares Profil gegeben. Auf dem Fundament einer breiten, engagierten Gastronomieszene, welche heimische Kochtraditionen mit einem erfrischend authentischen Speisensortiment hoch hält und weiter führt, gedeiht seit Jahren eine Gourmet-Elite von höchstem Raffinement. Delikatessen aus Küche und Keller verbindet man heute weltweit mit einem Stück österreichischer Lebenskultur. Als heimischer Marktführer für Kommunikation können wir der biologisch orientierten Lebensmittelwirtschaft in Österreich fortschrittlichste Technologien für die Vermarktung und den Vertrieb ihrer Produkte anbieten und damit zu ihrer nachhaltigen Stärkung bei höchstmöglicher inländischer Wertschöpfung beitragen.

Basierend auf den Erfahrungen der erfolgreichen Symbiose von Weinbau und Telekommunikationstechnologie mit dem innovativen Online-Portal www.wein.aon.at, das österreichischen Qualitätswinzern eine starke Selbstvermarktungsplattform bietet, werden wir in Zukunft diese branchenspezifischen Partnerschaften selektiv weiter ausbauen. Qualitätsbewusste Berufsgruppen wie Käse- und Fleisch-Produzenten, Bäckereibetriebe oder Mostbauern sollen für dieses viel versprechende Geschäftsmodell rekrutiert werden. Vor diesem Hintergrund wird auch die Unterstützung der Publikation „56 Hauben aufgekocht & abgebrüht" verständlich, in dem 25 hoch dekorierte Starköche ihre Küchengeheimnisse präsentieren. Das Buch legt die Fährte zu den lukullischen Glanzlichtern auf der heimischen Gourmetlandkarte und vermittelt Lust auf eigene Abenteuer am Herd. Im aufwendig illustrierten Band erhält der Leser und interessierte Hobbykoch Einblick in die Bilderbuchkarrieren der besten Küchenchefs und findet mit ausführlichen Rezepten und verständlichen Kochanleitungen so manche Anregung zum sicheren Gelingen des großen Gala-Diners in den eigenen vier Wänden. Kochleidenschaft ist ansteckend und Kochen selbst total en vogue. Dies gilt für Österreich, wo Ess- und Trinkkultur vitaler Ausdruck der Lebensqualität sind, mehr noch als anderswo. Ich kann daher allen Gourmetfreunden „56 Hauben aufgekocht & abgebrüht" nur wärmstens ans Herz legen! Beim Streifzug durch die Crème de la Crème der rot-weiß-roten Kochkunst sind zwei Dinge gewiss: ein aus Vorfreude wässriger Mund und der unmittelbare Griff zum Kochlöffel.

Ich wünsche Ihnen daher schöne und genussreiche Stunden – sowohl beim Schmökern im Kochbuch als auch beim Nachkochen!

Ing. Mag. Rudolf Fischer
Vorstandsdirektor Telekom Austria

Inhalt

Vorwort Raimund Stani 2
Impressum 4
Vorwort Telekom Austria 5

Franz Aichhorn
Mit Wacholderhonig gebratener Hirschkalbsrücken in Seidenstraße-Gewürz-Glace
und gebackener Eierschwammerlmaus auf Sellerieconfit 9

Manfred Buchinger
Kürbissuppe mit dem Duft von Orangen und Stern-Anis 13

Harald Fritzer
Gefüllter, in Rotwein geschmorter Ochsenschwanz auf Bauernpolenta mit frittiertem Lauch 17
Suprême vom Rehrücken im Sauerrahmteig 21
Geschmorte Milchkalbsschulter 25
Rosa gebratener Tafelspitz vom Milchkalb mit Kärntner Trüffel und Selleriepüree 29

Franz Fuiko
Gefüllte, glacierte Tomate an Orangensirup 33

Hans Haas
Suprême vom Wildlachs mit Lauchpüree und brauner Butter 37

Edi Hitzberger
Artischocken-Gemüseterrine mit gebackenen Scampi 41
Kross gebratener Meerwolf auf grilliertem Gemüse und Olivenjus 45
Pochierter Bar de Ligne auf marinierten Artischocken 49
Törtchen von der Maispoularde mit Gänseleber im Auberginenmantel 53

Helmut Horn
Sulze von Waldpilzen mit geeister Tomatenvinaigrette 57

Heino Huber
Steinbutt in der Markkruste mit zweierlei Fenchel mit Balsamicoreduktion und Rotweinsauce ... 61

Brigitte Kaufmann
Geeiste Sauerrahmsuppe mit Tomaten und Basilikum 65

Kolja Kleeberg
St. Pierre mit Lyoner Wurst, Rucola und dicken Bohnen 69
Pochierter Wildlachs mit gegrillter Avocado, Limonenmarmelade und Limonenbooster 73

Johanna Maier
Crème Brûlée mit Waldbeeren 77

Werner Matt
Parfait von Taschenkrebsen mit Mousseline von Zitronengras und Kaviarperlen 81

Helmut Österreicher
Zander in Kürbis-Currysauce mit geschmortem Paprika 85

Franz Raneburger
Lammkarree mit Bohnen-Artischockengemüse und Pariser Kartoffeln 89

Herwig Sabitzer
Gefüllte Bressepoularde auf Sommersalaten mit gehobelten Steinpilzen 93

Martin Sieberer
Gefüllte und geräucherte Wachtel mit Walnussrisotto 97

Sissy Sonnleitner
Kalbsbriesravioli mit Artischocken, Scampi und Pignolien 101

Michael Triebel
Backhendl vom Stubenkücken mit Erdäpfel-Gurkensalat 105
Gefüllte Minipaprika 109
Schwarzbarschfilet in Cassis-Kokos 113

Sepp Trippolt
Lammkarreebratl im Rosmarinsaft 117

Seppi Trippolt
Zander in Erdäpfelkruste auf rotem und gelbem Paprika mit grünem Spargel 121

Josef Unterberger
Lammhüfte im eigenen Saft geschmort mit jungem Gemüse, Spitzkohlkugel,
geräuchertem Knoblauch und Trüffelpolenta 125

Josef Viehhauser
Filet vom Seesaibling mit weißem Bohnenpüree und Ingwersauce 129
Kärntner Nudeln mit Sommertrüffel 133
Geeiste Kartoffelsuppe mit Imperial Kaviar 137
Schokoladensoufflée „Medium" 141

Manfred Vogl
Potpourri in Tomatenconsommé mit Currykartoffeln 145
Mosaik von Hirsch und Kalb mit Eierschwammerltartar und Steinpilztortelloni 149

Lisl Wagner-Bacher
Köstlichkeit von der Marille 153
Zander mit Roten Rübenstreifen und Krenoberssauce 157

Jörg Wörther
Hecht gefüllt, leicht geräuchert auf kalter Broccolicrème 161

Backstage 164

Franz Aichhorn

Lebenslauf

Restaurant Aichhorn

Mit einem der Großen der Branche eng verwandt zu sein, ist im Kochgeschäft nicht nur ein Startvorteil, sondern kann einem die Latte oft auch ganz schön hoch legen. Franz Aichhorn hat sich jedoch daran gewöhnt, immer wieder mit Josef Viehhauser verglichen zu werden, und er ist an dieser Herausforderung zunehmend gewachsen. In einer Zeit, als von Neuem Regionalismus noch keine Rede war, setzte er bereits voll auf naturnahe Küche, verwendete ausschließlich heimische Produkte und gab, was ihm seither viele nachgemacht haben, sogar die Namen seiner Lieferanten auf der Karte an.

Drei Hauben hat Aichhorn mit seiner unverwechselbaren Küchenhandschrift im „Dorfkrug" zu Kleinarl erkocht, bevor er sich, nach einem Zwischenspiel in der Flachauer Großgastronomie, in seinem Café-Restaurant Aichhorn wieder auf traditionelle, feine österreichische Küche und die Aufgabe, dabei auch ständig Neues zu kreieren, konzentrierte.

Weinempfehlung:

Eine kräftige Rotweincuvée, durchaus mit etwas Holznote unterlegt, z.B. aus Bordeaux, ist die ideale Ergänzung zu diesem Gericht.

Ideale Weine dazu:
www.wein.aon.at

Franz Aichhorn

Mit Wacholderhonig gebratener Hirschkalbsrücken

in Seidenstraße-Gewürz-Glace und
gebackener Eierschwammerlmaus auf Sellerieconfit

Zubereitung:

Hirschkalbsrücken sauber ausgelöst und pariert (von Haut und Fett befreien) mit Butterschmalz an allen Seiten gut anbraten. Gehackte Wacholderbeeren, kräftigen Waldhonig, geschrotete Pfefferkörner, Lorbeerblätter, Butter und Walnussöl sowie Salz verrühren und damit den Hirschkalbsrücken würzen. Bei ca. 160° C rosa und saftig im Backrohr braten. Für die Glace kräftigen Hirschfond mit Seidenstraßengewürzen (Koriander, Stern-Anis, Kreuzkümmel, Muskatblüten, Zimt, Pimentpfeffer, Kardamom, Gewürznelken und Vanille im entsprechenden Verhältnis zueinander gemischt), Portwein und Marsala reduzieren (nicht allzu stark), den Bratensaft vom Karree dazugeben. Passieren und mit Trockenbeerenauslese-Essig und evtl. Honig abschmecken. Für die Eierschwammerlmäuse knackig-frische Eierschwammerln, sauber geputzt und trocken, klein hacken und mit ein wenig würfelig geschnittener Zwiebel in Butterschmalz scharf sautieren (schwingend anrösten). Mit wenig Obers ablöschen, mit Salz, Pfeffer, wenig Knoblauchbutter, Muskat, fein gehacktem Berg- und Zitronenthymian, Oregano und Petersilie würzen und mit entrindetem, in kleine Würfel geschnittenem Weißbrot (das vorher mit Bouillon und ein paar Eiern eingeweicht wurde) gut vermengen, etwas rasten lassen, eventuell ein Probeknöderl machen und fertig abschmecken. Mit einem kleinen, ovalen Eisportionierer kleine „Mäuse" ausstechen und in heißem Butterschmalz schwimmend goldfarben anbacken lassen. Auf einem Gitter gut abtropfen lassen. Für das Sellerieconfit ein feines Selleriepüree mit Selleriebrunoise vermengen, am Teller mit gebackenem Selleriestroh oder Chips und Selleriegrün arrangieren.

Zutaten:
(Für ca 6 Personen)

1 kg Hirschkalbsrücken
2 EL Butterschmalz

1 EL Wacholderbeeren
4 EL kräftiger Waldhonig
1 EL schwarze Pfefferkörner
2-3 Lorbeerblätter, 3 EL Butter
3 EL Walnussöl, etwas Salz

Glace:
1 l kräftiger Hirsch- oder Wildfond
je 1 TL Koriander, Stern-Anis, Kreuzkümmel, Muskatblüten, Zimt, Pimentpfeffer, Kardamom, Gewürznelken, 1 Vanilleschote
1/4 l Portwein, 1/4 l Marsala
etw. Trockenbeerenauslese-Essig oder alter Aceto-Balsamico
etwas Honig

Eierschwammerlmäuse:
1/2 kg Eierschwammerln
1 kl. Zwiebel, 1 EL Butterschmalz
1/4 l Obers, Salz, Pfeffer
wenig Knoblauchbutter
Muskat
etw. Berg- und Zitronenthymian
etw. Oregano, etw. Petersilie
4 Scheiben Weißbrot
1/4 l Bouillon, 4 Eier
Butterschmalz

Manfred Buchinger

Lebenslauf

Zur alten Schule

Fast zwei Jahrzehnte lang war Manfred Buchinger Wiens „Mister Intercontinental" und als solcher nicht nur für das gesamte Catering, sondern vor allem auch für die weithin gerühmte Küche des Restaurants „Vier Jahreszeiten" verantwortlich. Hier lief der Gérard-Boyer-Schüler immer wieder zu kreativen Höhenflügen auf und verschaffte sich den Ruf, einer der innovativsten Köche Österreichs zu sein. Trends, die heute buchstäblich in aller Munde sind, wie etwa die multikulturelle Küche oder Fusion-Cuisine – hat Buchinger schon zu einer Zeit vorweggenommen, als sie in Europa noch kaum jemand kannte. Mindestens ebenso wichtig wie der Geschmack der verwendeten Produkte waren und sind für Manfred Buchinger jedoch auch deren Umweltverträglichkeit, ökologische Verantwortbarkeit und gesundheitliche Zuträglichkeit. Schon immer ein leidenschaftlicher Weinviertler, hat sich Buchinger mittlerweile in seiner Heimat selbständig gemacht und führt in Riedenthal bei Wolkersdorf „Buchingers Gasthaus zur alten Schule", in dem er zwar bodenständiger als früher, aber um nichts weniger einfallsreich kocht.

Weinempfehlung:

Ein oxidativ ausgebauter oder versetzter Wein, z.B. Sherry oder reife Auslese.

Ideale Weine dazu:
www.wein.aon.at

Manfred Buchinger

Kürbissuppe

mit dem Duft von Orangen und Stern-Anis

Zubereitung:

Die milde, geschälte und in Würfel geschnittene Zwiebel in Butter anschwitzen, mit Orangensaft ablöschen, Kürbis, geschält und in Würfel geschnitten, beifügen (ein paar zum Garnieren beiseite legen), mit kräftiger, entfetteter Hühnersuppe und Stern-Anis kochen, mixen, mit etwas Salz würzen.

Beim Servieren etwas Pfeffer aus der Mühle verwenden.
Einlage: Orangenfilets und marinierte Kürbiswürfel.

Käsehippen: Mehl, Eiklar und geraspelten Bergkäse im Verhältnis 1:1 mischen, hauchdünn, rund auf Backpapier streichen, im Ofen bei ca. 180° C goldgelb backen, danach in beliebige Form geben.

In heißen Suppentellern mit knuspriger Käsehippe anrichten.

Zutaten:
(Für 6-8 Personen)

1 Wasserzwiebel
40 g Butter
1 Orange (etw. Zeste davon, Saft und die Filets als Einlage)
400 g Potironkürbis
1/2 l kräftige Hühnersuppe
1 Stern-Anis
Salz

Zum Garnieren:
Geröstete Kürbiskerne

Käsehippen:
Mehl
Eiklar
Bergkäse

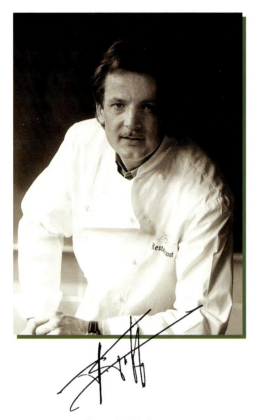

Harald Fritzer

Weinempfehlung:

Eine Rotwein-Cuvée aus Cabernet Sauvignon – Zweigelt - St. Laurent, z.B. aus der Thermenregion.

Ideale Weine dazu:
www.wein.aon.at

Lebenslauf

A la Carte

Es gibt Erinnerungen, die man nie vergisst: Eine davon ist jene an das ebenso winzige wie großartige Klagenfurter Restaurant „A la Carte", in dem sich Harald Fritzer in den 90er Jahren des vergangenen Jahrhunderts zu einem der besten Köche Österreichs aufschwang und nicht nur mit drei Gault-Millau-Hauben, sondern 1992 auch mit dem Titel „Koch des Jahres" ausgezeichnet wurde. Fritzers Markenzeichen war eine seltene Marriage aus Geschmackssicherheit, Fleiß und Penibilität. Jede seiner Kreationen mutete wie ein kunsthandwerkliches Meisterstück an, war fein ziseliert und vom Willen nach absoluter Perfektion getragen. Kein Wunder also, dass die Restaurantkritik Fritzer gerne als „Uhrmacher unter den Meisterköchen" feierte. Nicht zuletzt dieses Streben nach äußerster Konsequenz (und die Einsicht, dass diese im Küchenalltag leider nicht immer machbar ist) führte Fritzer letztlich zu dem Entschluss, sein Talent fürderhin nicht in die Tagesarbeit, sondern in die Ausbildung des Nachwuchses zu investieren. Er ist mittlerweile als Lehrer in Oberwollanig tätig und gibt seinen reichen Erfahrungsschatz an Österreichs kulinarischen Nachwuchs weiter.

Harald Fritzer

Gefüllter, in Rotwein geschmorter
Ochsenschwanz
auf Bauernpolenta mit frittiertem Lauch

Zubereitung:

Ochsenschwänze für dieses Gericht nur frisch verwenden, da der Geschmack beim Gefrieren verloren geht. Die Schwänze vom Fett befreien und langsam anbraten. Geschnittenes Wurzelgemüse beigeben, leicht tomatisieren (Tomatenmark beigeben) und mitrösten, mit etwas Rotwein ablöschen. Etwas reduzieren lassen, wieder mit Rotwein ablöschen, etwas einkochen lassen und mit dem Fond auffüllen. Mit Knoblauch, Rosmarin, Thymian, Pfefferkörnern, Lorbeerblättern und Speckschwarte würzen und die Schwänze im Fond ca. 2-3 Stunden im Ofen bei ca. 150° C fertig schmoren.

Die Ochsenschwänze etwas auskühlen lassen und das Fleisch vorsichtig vom Knochen lösen, in etwas Fond einlegen, damit es nicht austrocknet. Das Fleisch von etwaigen Knorpeln befreien. Nun die ausgelösten Knochen langsam in etwas Öl anbraten. Wurzelgemüse beigeben, leicht tomatisieren, mit Rotwein ablöschen, reduzieren. Mit dem Fond füllen wir es dann auf. Den Fond vom 1. Teil verwenden und ca. 1-2 Stunden leicht ziehen lassen. Passieren, ca. 1/4 Liter beiseite stellen für die Fertigung der Schwänze. Den Rest etwas reduzieren, das Ochsenschwanzgewürz (Rosmarin, Thymian, Nelken, Curry, Knoblauch, Koriander, Orangen und Zitronen fein gehackt) beigeben und ca. 10 Minuten ziehen lassen, mit Maizena (in Wasser gelöst) binden.

Die Brotfarce (weiße Brotwürfel ohne Rinde, Eier, lauwarme Milch, Nussbutter, sautierte (schwingend angeröstete) Zwiebeln, Pilze Petersilie, Salz, Pfeffer und Muskat vermengen) in ca. 30 g Bällchen rollen, diese mit dem Fleisch umlegen, richtig andrücken und ins Schweinenetz einschlagen, sodass der ganze Schwanz richtig eingepackt ist. Nun auf beiden Seiten anbraten, in eine Pfanne legen, mit dem Fond untergießen, im Ofen bei 150° C 40 Minuten schmoren. Bauernpolenta: Wasser mit Butter und Salz aufkochen, Polenta langsam einrieseln lassen, bei schwacher Hitze ca. 20-30 Minuten kochen. Frittierter Lauch: Frischen Lauch in Streifen schneiden, waschen, gut abtrocknen, im heißen Fett herausbacken.

Zutaten:
(Für 4 Personen)

1 kg Ochsenschwanz
250 g Wurzelgemüse
2 EL Tomatenmark
1/2 l Rotwein
ca. 1,5 l brauner Fond
Knoblauch, Rosmarin, Thymian
Pfefferkörner, Lorbeerblätter
1 Stk. Speckschwarte

Mengen zur Zubereitung:
Knochen (von ausgelösten Schwänzen)
etw. Öl
100 g Wurzelgemüse
1 EL Tomatenmark
1/4 l Rotwein
ca. 1/2 l Fond vom 1. Teil
Sauce vom 1. Teil
1 TL Maizena
150 g Schweinenetz

Ochsenschwanzgewürz:
Rosmarin, Thymian, Nelken, Curry, Knoblauch, Koriander Orangen, Zitronen

Brotfarce:
160 g weiße Brotwürfel, 2 Eier
ca. 1/8 l Milch, 40 g Nussbutter
2 EL Zwiebeln, 100 g gem. Pilze
frische Petersilie
Salz, Pfeffer, Muskat

Bauernpolenta:
120 g Polenta
1/2 l Wasser, 50 g Butter, Salz

Auch das gehört zum Alltag eines Spitzenkochs: Auslöffeln, was man sich selbst eingebrockt hat! Zu seinen Stärken zählt die äußerst präzise Arbeit, die Harald Fritzer bei Restaurantkritikern den Titel „Uhrmacher unter den Meisterköchen" eingebracht hat.

Weinempfehlung:

Ein reinsortiger Cabernet Sauvignon Barrique, z.B. aus der Region Neusiedlersee-Hügelland.

Ideale Weine dazu:
www.wein.aon.at

Harald Fritzer

Suprême vom Rehrücken
im Sauerrahmteig

Zubereitung:

Rehjus: Knochen fein gehackt im Ofen mit Olivenöl langsam rösten, Zwiebeln, Sellerie und Karotten beigeben, kurz mitrösten, Ketchup, Speck und Pilze dazugeben, kurz rösten. Mit Rotwein ablöschen, etwas reduzieren lassen, mit Wasser auffüllen, ca. 3 Std. kochen lassen, passieren, langsam mit angedrückter Knoblauchzehe, Pfefferkörnern, Wacholderbeeren, Majoran, Rosmarin, Lorbeerblättern und Nelken reduzieren und mit Bitterschokolade, Preiselbeeren und Cognac abschmecken.

Sauerrahmteig: Mehl, Milch, Crème fraîche, etwas Essig, Salz und Ei bei Zimmertemperatur zu einem geschmeidigen Teig verarbeiten, ca. 20 Minuten ruhen lassen, 5 mm dick ausrollen. Die Farce dünn auftragen, das Rehfilet mit Salz und Pfeffer würzen, auf die Farce legen, mit etwas Farce bestreichen und in den Teig einrollen. Dotter mit etwas Obers verrühren, den Teig damit bestreichen. Im vorgeheizten Ofen bei ca. 200° C 12 Minuten backen.

Farce: Wild, Geflügelfleisch und Gänseleber faschieren (kuttern) und mit Cognac, Salz und Pfeffer würzen, mit Obers montieren (langsam beigeben).

Rosenkohl à la crème: In einer Sauteuse Butterschmalz erhitzen, Knoblauch und den Speck beigeben und hell rösten, Zwiebel und gehackten Thymian und Rosmarin beigeben, mit Geflügelfond ablöschen, einreduzieren. Mit Obers aufgießen, aufkochen lassen, blanchierte (überbrühte) Rosenkohlblätter beigeben, mit Salz und Pfeffer abschmecken, das geschlagene Obers und den geschnittenen Schnittlauch unterheben.

Zutaten:
(Für 4 Personen)

320 g Rehrückenfilet
Salz, Pfeffer, Portwein

Farce:
50 g Wildfleisch
20 g Gänseleber, 20 g Geflügel
Cognac, Salz, Pfeffer
90 g frisches Obers

Rehjus:
ca. 1 l fertige Sauce:
3 Rehrücken-Knochen (1800 g)
100 ml Olivenöl, 190 g Zwiebel
je 100 g Sellerie, Karotten, Speck
130 g Tomatenketchup
1/4 l Rotwein, 200 ml Cognac
50 g Preiselbeeren
100 g Pilzabschnitte oder
Champignons, ca. 4 l Wasser
1 Knoblauchzehe
Pfefferkörner, Wacholderbeeren
Majoran, Rosmarin, Lorbeerblätter
Nelken, ca. 10 g Bitterschokolade

Sauerrahmteig:
90 g Mehl, 20 g Milch
40 g Crème fraîche, etw. Salz
1/2 Ei, 1/2 Ei mit etw. Obers

Rosenkohl à la crème:
1 TL Butterschmalz
1 Knoblauchzehe
30 g Speckwürfel
20 g Zwiebelwürfel
1 Thymianzweig, 1 Rosmarinzweig
1/16 l Geflügelfond, 1/8 l Obers
120 g Rosenkohlblätter
2 EL Obers, 2 TL Schnittlauch

Seite 23

Er beherrscht die Kunst des feinen Würzens in Perfektion!
Harald Fritzer, Koch des Jahres 1992.

Bild unten:
Harald Fritzer und Raimund Stani: Auch Spaß muss sein.

Weinempfehlung:

Ein Blauer Burgunder/Spätburgunder/Pinot Noir, z.B. eine „Reserve" aus der Region Carnuntum.

Ideale Weine dazu:
www.wein.aon.at

Geschmorte Milchkalbsschulter

Zubereitung:

Die frische Kalbsschulter mit Salz und Pfeffer würzen, in eine Pfanne etwas Öl geben und die Schulter einlegen, mit der frischen Butter belegen und bei ca. 160° C in den vorgeheizten Ofen schieben.

Zwiebel, Karotte, Stangensellerie und Tomate in Würfel schneiden und mit dem Rosmarinzweig nach ca. der Hälfte der Garzeit (nach 1 - 1 1/2 Stunden) beigeben, etwas mitrösten und mit Fond oder der Suppe immer wieder leicht untergießen. So erreichen Sie eine schöne Sauce. Kurz vor Ende der Garzeit die Schulter immer wieder mit etwas Bratenfond und mit frischer Butter übergießen.

Die Garzeit der Schulter beträgt ca. 2 bis 3 Stunden, am besten servieren Sie die geschmorte Schulter auf frischem Erdäpfelpüree.

Zutaten:
(Für 4 Personen)

600-800 g Kalbsschulter
Salz
Pfeffer
etw. Öl
frische Butter

1 Zwiebel
1 Karotte
1 Stangensellerie
1 Tomate
1 frischer Rosmarinzweig
100 g Butter
ca. 1 l Suppe oder Kalbsfond

Wenn eine solch geballte Hauben-Koch-Riege sich in der Küche versammelt, dann geht es rund! Harald Fritzer (4.v.l.) und die „Finger(nagel)probe" seiner prominenten Kollegen

Bild unten: „Geschafft!"

Weinempfehlung:

Eine reife Grüne Veltliner Spätlese, z.B. aus dem westlichen Weinviertel oder Blaufränkisch Klassik, z.B. aus Lutzmannsburg (bzw. dem Mittelburgenland).

Ideale Weine dazu:
www.wein.aon.at

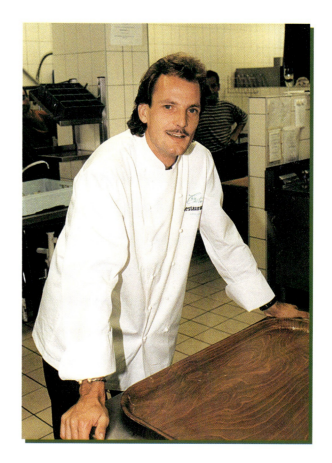

Harald Fritzer

Rosa gebratener Tafelspitz
vom Milchkalb mit Kärntner Trüffel und Selleriepüree

Zubereitung:

Den frischen Tafelspitz mit Salz und Pfeffer würzen, in Butterschmalz leicht anbraten und auf ein Gitter setzen. Karotten, Sellerie, Zwiebel, Lauch, Tomate und Rosmarinzweig zu den Bratenrückständen geben und leicht anziehen. Das Fleisch darauf setzen und 40 Minuten bei ca. 110° C im Ofen garen lassen. Das Fleisch herausnehmen und das Gemüse mit dem Fond untergießen, auf die Hälfte einkochen lassen und durch ein Sieb gießen. Die Trüffel bürsten und in feine Scheiben schneiden, Butter zerlaufen lassen, die Trüffel beigeben, kurz anziehen und mit Portwein untergießen, etwas einkochen lassen und die Kalbssauce beigeben.

Selleriepüree: Stangensellerie, Knollensellerie und Kartoffeln schälen und klein schneiden, in Butter kurz anziehen und mit dem Fond untergießen, alles weich dünsten lassen, passieren, mit Salz, Pfeffer, Zitronensaft abschmecken und mit etwas Butter verfeinern.

Zutaten:
(Für 4 Personen)

600-800 g Tafelspitz vom Kalb (unbedingt beim Fleischer vorbestellen)
Salz
Pfeffer aus der Mühle
50 g Butterschmalz
je 50 g Karotten, Sellerie, Zwiebel, Lauch
1 Tomate
1 frischer Rosmarinzweig
ca. 1 l Kalbsfond (braun) oder Suppe
10 g Butter
1 frische Kärntner Trüffel (30 g)
100 ml Portwein

Selleriepüree:
50 g Stangensellerie
100 g Knollensellerie
150 g mehlige Kartoffeln
20 g Butter
1/2 - 1 l Geflügelfond oder Suppe
Salz
Pfeffer
etw. Zitronensaft
etw. Butter

Franz Fuiko

Lebenslauf

Gründer des „Mesnerhauses" in Mauterndorf

Franz Fuikos Aufstieg in die luftigen Höhen der Gourmandise funktionierte so schnell wie geradlinig. Sein Mauterndorfer „Mesnerhaus" galt schon Ende der 80er Jahre als Ausnahmerestaurant, in dem Fuiko als ebenso ehrgeiziger wie liebenswert bescheidener Patron und Küchenchef nicht nur eine vollendete Harmonie zwischen gotischer Architektur und modernem Design, sondern auch eine zwischen gehobener Bodenständigkeit und zukunftsweisender Küche erzielte. Das Restaurant, in dem einst schon Paracelsus abstieg, trug Fuiko neben dem Titel „Koch des Jahres 1994" auch drei Hauben bei Gault Millau ein. Daraus wären mit einiger Sicherheit mittlerweile vier geworden, hätte der vielgereiste Fuiko sich nicht am Zenit seiner Karriere für neue, zum Teil in den USA erprobte gastronomische Konzepte entschieden, von denen er mittlerweile schon zahlreiche mit Erfolg verwirklicht hat.

Weinempfehlung:

Ein Wein im Prädikatsbereich, z.B. Trockenbeerenauslese aus dem Seewinkel, harmoniert perfekt mit diesem Gericht.

Ideale Weine dazu:
www.wein.aon.at

Franz Fuiko

Gefüllte, glacierte Tomate
an Orangensirup

Zubereitung:

Butter in einer Pfanne erhitzen, Äpfel, Birnen, Ananas und Mango in feine Würfel geschnitten, Ingwer, Minzblätter, Rosinen, fein gehackte Pistazien, Zimt, Orangenschale und Zitronenschale beigeben, den Zucker untermischen und bei großer Hitze ca. 1 Minute kochen lassen. Die Tomaten schälen und entkernen, füllen und 10 Minuten im Rohr bei 220° C backen.

Frisch gepressten Orangensaft, Zucker, Vanillestange, Stern-Anis und Gewürznelken 3-4 Minuten kochen lassen.

Die gefüllten Tomaten auf Orangensirupspiegel servieren.

Zutaten:
(Für 4 Personen)

4 Tomaten

Orangensirup:
300 ml Orangensaft
300 g Zucker
1 Vanilleschote
3 Stern-Anis
3 Gewürznelken

Tomatenfüllung:
2 TL Butter
150 g Äpfel
150 g Birnen
50 g Ananas
50 g Mango
2 g Ingwer
3 Minzblätter
1 TL Rosinen
1 TL Pistazien
1 Msp. Zimt
1 TL Orangenschale
1 TL Zitronenschale
2 EL Zucker

Hans Haas

Weinempfehlung:

Ein international ausgebauter Chardonnay, z.B. aus dem Burgenland, der die Fülle und Reife mit einem gut dosierten Barriqueausbau mitbringt.

Ideale Weine dazu:
www.wein.aon.at

Lebenslauf

Tantris

Hans Haas, im Münchner „Tantris" ein souveräner Verwalter der einst von Eckart Witzigmann erkochten drei Sterne, stammt, wie so viele große deutsche Köche, aus Österreich. Er denkt heute noch gerne daran, wie er als Elfjähriger in seiner Tiroler Heimat in der Wildschönau für einen, wie er sich erinnert, „riesigen, gußeisernen Häfen" voller Pommes Frites beim Kellerwirt aushalf. Als er dann mit fünfzehn im selben Hause seine Lehre antrat, konnte er schon weit besser kochen als die Kollegen im dritten Lehrjahr. Nach einigen Wanderjahren erreichte Haas dann der Ruf an den dazumal legendären „Erbprinz" zu Ettlingen, bevor der Tiroler sich während einer anderthalbjährigen Stagione beim großen Haeberlin in der „Auberge de l'Ill" die Gourmetreife für eine bevorstehende Weltkarriere holte. Nachdem er Witzigmann dreieinhalb Jahre als Sous-Chef in der Münchner „Aubergine" zur Seite gestanden war, profilierte sich Haas zu Beginn der 90er Jahre als Chef de Cuisine im Frankfurter „Brückenkeller", bevor ihn Patron Eichbauer endgültig in sein „Tantris" berief, das heute so unangefochten wie eh und je zu den zwei, drei Topadressen in Deutschland zählt und wo – neben viel Frankophilem – auffallend österreichisch gekocht wird.

Hans Haas

Suprême vom Wildlachs
mit Lauchpüree und brauner Butter

Zubereitung:

Die Kartoffeln schälen, vierteln und in gesalzenem Wasser weich kochen. Abgießen und sofort durch die Presse drücken. Die Butter hinzufügen, das Püree mit Salz und Muskat würzen und die heiße Milch darunterrühren. Zum Schluss die Lauchbutter unterrühren, geschlagenes Obers unterheben und das Püree abschmecken; es soll cremig sein.

Während die Kartoffeln kochen, die Lachsscheiben, falls nötig, entgräten, dann auf allen Seiten leicht salzen. Eine feuerfeste Form mit etwas Butter ausstreichen. Die Lachsscheiben nebeneinander hineinlegen und mit etwas weicher Butter bestreichen. Die Form mit Klarsichtfolie abdecken und den Fisch auf der unteren Schiene des auf 80° C vorgeheizten Ofens 10-12 Minuten (je nach Dicke der Scheiben) garen. Die Form aus dem Ofen nehmen und die Lachsscheiben ein paar Minuten ziehen lassen.

Die übrige Butter in einer Pfanne unter Rühren erhitzen bis sie zart gebräunt ist. Mit Salz und Zitronensaft würzen.

Die Lachs-Filets zusammen mit dem Kartoffel-Lauchpüree anrichten, mit der braunen Butter umgießen und den Kaviar auf das Püree setzen.

Zutaten:
(Für 4 Personen)

Kartoffel-Lauchpüree:
350 g mehlige Kartoffeln
20 g Butter
Salz
geriebene Muskatnuss
100 g Milch
2-3 EL Lauchbutter
1-2 EL Obers

Lachs:
4 Scheiben Wildlachs-Filet à 60 g
Salz
150 g Butter
Zitronensaft
4 TL Kaviar

Seite 39

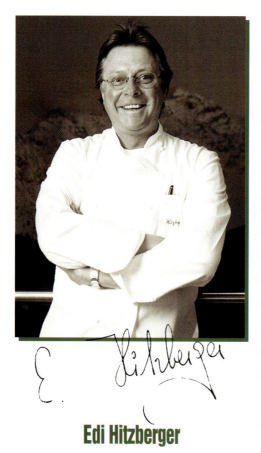

Edi Hitzberger

Lebenslauf

Haus Paradies

Ein Österreicher eroberte den Unterengadin: Eduard Hitzberger hat sich in seinem 1650 m hoch gelegenen Relais & Château-Betrieb, auf einem der schönsten schweizer Sonnenplateaus, direkt in die Herzen der Schweizer Feinschmecker gekocht. Im Service unterstützt von seiner charmanten Frau Waltraud, ebenfalls Österreicherin, verwöhnt er seine Gäste im Gourmetrestaurant „La Bellezza" mit Blick auf die Lischanakette und die Silvrettagruppe. Kritiker aus aller Welt rühmen die hohe Sensibilität Hitzbergers, die, gepaart mit souveräner Beherrschung aller kochtechnischen Finessen, immer wieder für Gaumenkitzel der dritten Art gut ist. Auf Hummer und Meeresfische versteht sich der mit zwei Michelin-Sternen und drei Gault-Millau-Hauben ausgezeichnete Kärntner dabei genau so perfekt wie auf Kärntner Ritschert und herrliche Mehlspeisen aus der k.u.k. Hofküche. Und in der 150 Jahre alten Arvenholzstube „Stüva Paradies" wird mit viel Liebe die Tradition einheimischer Engadiner Spezialitäten hoch gehalten.

Weinempfehlung:

Ein typischer Sauvignon Blanc, unbedingt aus der Südsteiermark, wo er früher als Muskat Sylvaner bekannt war.

Ideale Weine dazu:
www.wein.aon.at

Edi Hitzberger

Artischocken-Gemüseterrine
mit gebackenen Scampi

Zubereitung:

Gelee: Reife Tomaten, Basilikumblätter, Knoblauch, Kräutersalz, Pfeffer und Zucker mixen und über Nacht in einem Tuch abhängen lassen. Die Flüssigkeit ergibt ca. 1/2 l Tomatenfond. Nochmals abschmecken, leicht erwärmen und mit der Blattgelatine binden (zuvor Gelatine in kaltem Wasser einweichen, gut ausdrücken).

Zwei rote Karotten in dünne Streifen schneiden, blanchieren (überbrühen). Artischockenherzen, Kohlrabi, Broccoli, gelbe und rote Karotten weich kochen. Eine Terrinenform mit den in Streifen geschnittenen Karotten, welche zuvor durch den Tomatenfond gezogen wurden, auskleiden. Mit dem in Form geschnittenen Gemüse schichtweise und dekorativ einsetzen, Form mit restlichem Gelee auffüllen – leicht pressen und danach sechs Stunden kühl stellen.

4 Scampi ausbrechen, den Darm entfernen, und im Tempurateig, welcher mit Safran und Koriander angereichert wurde, kurz durchziehen und in heißem Fett ausbacken.

Die Terrine stürzen, in Scheiben schneiden, mit Sommersalaten dekorativ einsetzen und die frittierten Scampi anlegen.

Zutaten:
(Für 4 Personen)

4 Scampi

Gelee:
2 kg Tomaten
20 Basilikumblätter
1 kl. Knoblauchzehe
Kräutersalz
Pfeffer
Zucker
6 Bl. Gelatine

Einlage:
2 rote Karotten
3 Artischockenherzen
1 Kohlrabi
1 Broccoli
2 Pfälzer Karotten
100 g grüne Bohnen
2 rote Karotten

Tempurateig:
50 g Maizena
1 1/2 TL Backpulver
1 Ei
100 g Eiswasser
etw. Safran
frischer Koriander

Edi Hitzberger und Franz Aichhorn beim Fachsimpeln. Erfahrungsaustausch inspiriert zu neuen kulinarischen Kreationen!

Bild unten:
Gruppenbild mit Dame: Johanna Maier, Harald Fritzer, Franz Raneburger, Edi Hitzberger und Josef Viehhauser.

Weinempfehlung:

Ein reifer weißer Burgunder, der im Abgang das charakteristische Bitterl mitbringt. Das internationale Synonym für den weißen Burgunder ist Pinot Blanc.

Ideale Weine dazu:
www.wein.aon.at

Edi Hitzberger

Kross gebratener Meerwolf

auf grilliertem Gemüse und Olivenjus

Zubereitung:

Den filetierten und portionierten Meerwolf auf der Hautseite mit einer Rasierklinge einritzen und beiseite stellen.

Das Gemüse, blanchierte (überbrühte) Fenchelstreifen, Paprika, Zucchetti und Auberginenrauten, mit Kräutersalz, Pfeffer, zerdrückter Knoblauchzehe, Thymian, Rosmarin, Basilikum und Olivenöl ca. 1 Std. marinieren.

In einer Grillpfanne dem marinierten Gemüse ein schönes Muster geben.
Den mit Salz und Zitrone gewürzten Meerwolf auf der Hautseite kurz mehlieren, überschüssiges Mehl abklopfen und mit Kräutern im Olivenöl auf der Hautseite langsam knusprig braten.

Auf dem gegrillten Gemüse dekorativ anrichten. Mit einem guten Kalbsjus, der mit gehackten Oliven versetzt wurde, umgießen und mit Kräuteröl vollenden.

Zutaten:
(Für 4 Personen)

Meerwolf:
4 Meerwolf-Filets à 120 g
Salz
Zitrone
4 EL Mehl
2 TL Kräuteröl

Gemüse:
40 g Fenchelstreifen
40 g Paprika
40 g Zucchetti
40 g Auberginenrauten
Kräutersalz
Pfeffer
4 Knoblauchzehen
4 Thymianzweige
4 Rosmarinzweige
12 Basilikumblätter
8 EL Olivenöl

16 EL Kalbsjus
4 TL Oliven grün und schwarz

Edi Hitzberger:
„Riech ich da im Pfandl nicht einen Hauch von Konkurrenz?"

Bild unten:
„Ess- oder Schöpflöffel?", das ist hier die Frage!

Weinempfehlung:

Ein Rheinriesling, was sonst?, und natürlich aus der Wachau!

Ideale Weine dazu:
www.wein.aon.at

Edi Hitzberger

Pochierter Bar de Ligne
auf marinierten Artischocken

Zubereitung:

In etwas Olivenöl blättrig geschnittene Schalotten, ganze weiße Pfefferkörner, ein Lorbeerblatt, etwas Zitronenthymian und eine angedrückte Knoblauchzehe anschwitzen lassen, mit Kräutersalz, Feigenessig und Champagneressig abschmecken.

Das geschuppte und portionierte Meerwolf-Filet in den Fond geben und glasig ziehen lassen.

Die Artischockenherzen in feine Scheiben schneiden und mit Champagnervinaigrette marinieren, den Fisch darauf anrichten.

Zutaten:
(Für 4 Personen)

4 Meerwolf-Filets à 60 g

Fond (100 ml):
1/2 l Fischfond
1/2 l Geflügelfond
1 EL Schalotten
3 weiße Pfefferkörner
1 Lorbeerblatt
1 Zitronenthymianzweig
1 Knoblauchzehe
50 ml Olivenöl
Kräutersalz
10 ml Feigenessig
20 ml Champagneressig
2 Artischocken

Für den neugierigen „Häferlgucker" Sepp Trippolt gibt es vorab schon eine Kostprobe, serviert von Herwig Sabitzer (li) und Edi Hitzberger (re).

Bild unten:
Edi Hitzberger, Raimund Stani, Hans Haas und Josef Viehhauser: „Darauf trinken wir!"

Weinempfehlung:

Ein Spätrot-Rotgipfler, halbtrocken, aus der Klimainsel in und um Gumpoldskirchen.

Ideale Weine dazu:
www.wein.aon.at

Edi Hitzberger

Törtchen von der Maispoularde

mit Gänseleber im Auberginenmantel

Zubereitung:

Die ausgelösten Poulardenschenkel mit Salz und Pfeffer gut würzen, mit dem Geflügelfond und dem Thymian im Vakuumsack im Wasserbad bei 70° C zwei Stunden ziehen lassen. In Eiswasser abkühlen.

In der Zwischenzeit die Auberginenscheiben (der Länge nach 2,5 mm dick geschnitten) mit Salz und Pfeffer würzen und ca. 10 Minuten warten, bis die Auberginen leicht Wasser gezogen haben. Danach in einer sehr heißen Pfanne von beiden Seiten mit wenig Fett goldbraun anbraten.

Auf ein Krepp-Papier auflegen und danach die Formen damit auskleiden.

Die feingewürfelten Poulardenstücke mit 1 EL Pochierfond und dem Jus kurz erwärmen, abkühlen und mit Essig abschmecken. In die Form zu einem Drittel einfüllen und die rund ausgestochene Gänseleberterrine (ca. 1 cm dick und 5 cm Durchmesser) einsetzen. Das restliche Drittel mit der Poularde auffüllen und mit den überlappenden Auberginenscheiben abdecken. Mit der Hand leicht pressen und gut durchkühlen.

Aus der Form nehmen, halbieren und dekorativ auf Glasteller anrichten.

Zutaten:

(Für 6-8 Personen)

1 Poulardenschenkel
Salz
Pfeffer
200 ml Geflügelfond
2 Thymianzweige
1 Aubergine
Öl zum Anbraten
Gänseleberterrine pochiert
(ersatzweise Dosenprodukt)
4 EL Jus
1 Schuss Balsamico-Essig

Seite 54

Seite 55

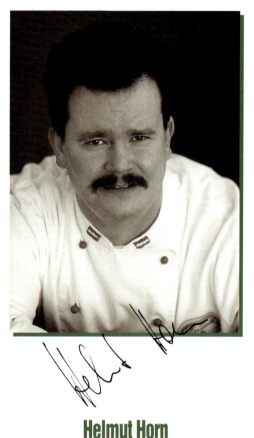

Helmut Horn

Weinempfehlung:

Ein Grüner Veltliner mit seinem würzigen Ton und dem typischen Pfefferl, ohne Frage aus dem Weinviertel (DAC).

Ideale Weine dazu:
www.wein.aon.at

Lebenslauf

Golf-Parkhotel Velden

Wie so viele erfolgreiche Kärntner Köche entstammt auch Helmut Horn der „Kaderschmiede" der Berufsschule Oberwollanig. Seiner Heimat Kärnten ist der gebürtige Klagenfurter und Familienmensch als Vater zweier Kinder treu geblieben, wobei ihn sein Weg nach der Lehre im „Golf Parkhotel Velden" durch zahlreiche heimische Traditionsbetriebe führte. So kochte Helmut Horn unter anderem in der Veldener „Alten Post", dem „Bergkristall" und der „Krone" in Lech am Arlberg sowie dem Veldener Casino-Restaurant, bevor er Küchenchef in den beiden Ischgler Häusern „Solaria" und „Seespitz" wurde. Auch im Golf-Parkhotel Velden, wo er seine Karriere einst als Lehrling begann, legte Horn 1998 eine erfolgreiche Stagione ein. Seit 1999 wirkt Helmut Horn als Küchenchef des Hotels Dermuth in seiner Heimatstadt Klagenfurt.

Helmut Horn

Sulze von Waldpilzen
mit geeister Tomatenvinaigrette

Zubereitung:

Die geputzten und gewaschenen Pilze mit etwas Wasser weich dämpfen. Den Fond abseihen und mit der Bouillon und der aufgelösten Gelatine vermischen (1 l Fond = 16 Blatt Gelatine im Sommer, im Winter 2 Blätter weniger). Mit Salz und Pfeffer abschmecken und die Pilze mit gehacktem Kerbel und Petersilie beigeben. Die Spinatblätter in Salzwasser kurz blanchieren (überbrühen) und trocken tupfen. Die Blätter durch das flüssige Pilzgelee ziehen und eine Terrinenform damit auslegen. Die Form für einige Minuten in den Kühlschrank stellen, damit die Geleeschicht mit den Blättern fest werden kann. Einen Teil des Pilzgelees in die Terrine füllen. Nach dem Erstarren die Spinatblätter einlegen und diesen Vorgang so oft wiederholen, bis die Terrine gefüllt ist. Zum Schluss mit den Spinatblättern abschließen und kalt stellen. Die Form in heißes Wasser tauchen und stürzen. Die Sulze in 1 cm starke Scheiben schneiden und mit Vinaigrette und Zupfsalaten anrichten.

Für die Vinaigrette die Tomaten blanchieren, häuten, halbieren, entkernen und in kleine Würfel schneiden. Das Öl mit Rotweinessig und Balsamico gut verrühren und mit Salz und Pfeffer fein abschmecken.

Die Schalotten schälen, würfeln, zusammen mit den Tomatenwürfeln unter die Vinaigrette mischen und zum Schluss den Schnittlauch zugeben.

Zutaten:
(Für 15 Portionen)

Waldpilzsulze:
650 g Waldpilze
(Eierschwammerln, Steinpilze)
500 ml Bouillon
16 Bl. Gelatine
Salz
Pfeffer
1 EL
Kerbel
1 EL Petersilie
50 g Blattspinat

Tomatenvinaigrette:
6 mittelgroße Tomaten
9 EL Olivenöl
3 EL Rotweinessig
3 EL Balsamico Essig
(9 Jahre alt)
Salz
Pfeffer aus der Mühle
2 Schalotten

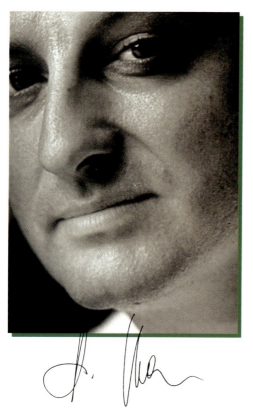

Heino Huber

Weinempfehlung:

Die besondere Alternative: Eine kräftige Rotweincuvée bzw. ein in Holz ausgebauter Zweigelt oder Blaufränkisch aus dem Mittelburgenland.

Ideale Weine dazu:
www.wein.aon.at

Lebenslauf

Deuring Schlössle

Heino Huber, Burgherr im Stadtschloss hoch über dem Bodensee, hat schon in den 80er Jahren gemeinsam mit Vater Ernst im legendären Bregenzer „Zoll" gekocht. Nachdem er sein Handwerk bei Cipriani in Venedig, in Witzigmanns „Aubergine" sowie bei „Faugeron" und „Taillevent" in Paris perfektioniert hatte, baute er das väterliche Schlössle zu einer der feinsten und höchstprämierten Gourmetadressen Österreichs aus.

Der „Koch des Jahres 1998" huldigt über den Dächern der Festspielstadt einem Stil der absoluten Produktwahrheit und -reinheit und versteht vor allem aus Bodenseefischen wahre Kunstwerke zu zaubern (seine Variationen vom Felchenkaviar etwa sind legendär). Heinos liebenswürdige Gattin Bernadette ist eine Weinkennerin von hohem Grade, und Huber stimmt seine Menüs und Kompositionen auch besonders gerne auf Weine und Spirituosen ab. Sein kulinarisches Credo fasst Heino Huber daher auch gerne in einem der Weinsprache entlehnten Satz zusammen: „Auch ein Gericht muss einen Abgang haben …".

Heino Huber

Steinbutt in der Markkruste mit zweierlei Fenchel

mit Balsamicoreduktion und Rotweinsauce

Zubereitung:

Steinbutt filetieren, sauber von Haut und Fett befreien und in acht gleich große Stücke portionieren. Mini-Fenchel putzen, blanchieren (überbrühen) und in etwas Butter schwenken. Den großen Fenchel in Stücke schneiden, weich kochen und mit Butter und Obers pürieren. Durch ein feines Sieb streichen, und mit Salz, Pfeffer, Cayennepfeffer, Muskat und einigen Tropfen Pernod abschmecken.

Für die Rotweinsauce das Wurzelgemüse mit wenig Butter langsam Farbe nehmen lassen, karamelisieren und dann nach und nach den Rotwein angießen, bis nur noch ca. 1/8 l Flüssigkeit übrig bleibt. Dann abpassieren, wobei es sehr wichtig ist, das Gemüse gut auszudrücken. Fein geschnittene Schalotten in wenig Butter kurz anschwitzen, mit Fischfond aufgießen, kurz reduzieren lassen und mit der vorher hergestellten Rotweinreduktion auffüllen. Nochmals kurz reduzieren und dann mit kalten Butterflöckchen montieren (langsam dazugeben).

Nun den Steinbutt in Olivenöl noch recht glasig braten, mit Markbutter (Mark und Butter schaumig rühren, Kräuter, Knoblauch, Zitronenschale, Dotter und gekuttertes (klein gehacktes) Weißbrot nach Bedarf untermengen) belegen und im Salamander gratinieren oder im Backrohr bei starker Oberhitze überbacken.

Zutaten:
(Für 8 Personen)

1 Steinbutt
50 g Olivenöl

8 Stk. Mini-Fenchel
etw. Butter
300 g Fenchel
50 g Butter
1/8 l Obers
Salz
Pfeffer aus der Mühle
Cayennepfeffer
Muskat
Pernod

Markbutter:
100 g Mark
100 g Butter
frische Kräuter
Knoblauch
Zitronenschale
1 Dotter
Weißbrot

Rotweinsauceauce:
100 g Wurzelgemüse
wenig Butter
1 EL Zucker
1 l Rotwein
Schalotten
wenig Butter
1/8 l Fischfond
30 g kalte Butter

Brigitte Kaufmann

Weinempfehlung:

Ein Gericht, bei dem der Wein nichts zu suchen hat ...

Lebenslauf

Kaufmann & Kaufmann

Schon als Kind hat sich Brigitte Kaufmann darüber geärgert, wenn ihre Schulkollegen daran zweifelten, dass der mitgebrachte Kuchen von ihr selbst und nicht von ihrer Mutter gebacken worden sei. Mittlerweile zweifelt daran keiner mehr, und man braucht sie, zumindest in Kärnten, auch kaum jemandem vorzustellen. Jahrelang verwöhnte die unter anderem auch mit der „Trophée Gourmet" dekorierte Haubenköchin, unterstützt von Ehemann und Sommelier Christian, ihre Gäste im vorstädtischen Seegasthof Schmid, bevor sie sich in der Villacher Altstadt mit einem seither oft kopierten Konzept selbständig machte, das eher an eine echte italienische Osteria als an ein Haubenrestaurant erinnert. Man sitzt gemütlich an einfachen Tischen und kann sogar an der Schank speisen. Die Karte orientiert sich streng am saisonalen Angebot und zeugt von einer Liebe zu kärntnerischen wie mediterranen Gerichten, die von Frau Brigitte, einer begnadeten Autodidaktin, die ihre gastronomische Karriere einst an der Restaurantkassa des Wiener Hotels Sacher begann, unprätentiös und ohne überflüssigen Teller-Glamour, aber mit umso mehr Liebe zubereitet werden.

Geeiste Sauerrahmsuppe

mit Tomaten und Basilikum

Zubereitung:

Sauerrahm mit kalter, entfetteter Rindsuppe über Eiswasser schaumig rühren, mit Salz und Pfeffer würzen, kaltstellen.

Schöne, reife Tomaten häuten (einritzen und kurz in kochendes Wasser halten), entkernen und das Fruchtfleisch in kleine Würfel schneiden. Kirschtomaten nur schälen und beiseite stellen.

Die gewürfelten Tomaten in tiefen Tellern anrichten, die kalte Suppe nochmals schaumig schlagen und darüber gießen.

Das in Streifen geschnittene Basilikum darüber streuen mit schönen Basilikumblättern und Kirschtomaten dekorieren.

Steinpilzgolatschen zum Aperitif:

Zwiebel fein hacken, in der Butter glasig werden lassen, Steinpilze dazugeben und solange rösten, bis die austretende Flüssigkeit verdampft ist. Mit Salz und Pfeffer würzen, gehackte Petersilie untermischen und auskühlen lassen.

Blätterteig ausrollen und in Quadrate schneiden (ca. 12 x 12 cm), die Fülle in die Mitte geben, die Ränder mit verquirltem Ei bestreichen und die Ecken zu einer Golatsche zusammenklappen. Mit Ei bestreichen und bei 220° C backen bis die Golatschen knusprig hellbraun sind.

Zutaten:
(Für 4 Personen)

3/4 l Sauerrahm
ca.1/4 l Rindsuppe
(oder klare Gemüsesuppe)
Salz
Pfeffer
2-3 Tomaten
einige Kirschtomaten
1 Bd. Basilikum

Steinpilzgolatschen:

1 Zwiebel
2 EL Butter
ca. 300 g Steinpilze
Salz
Pfeffer
2 EL Petersilie
Blätterteig
1 Ei

Seite 67

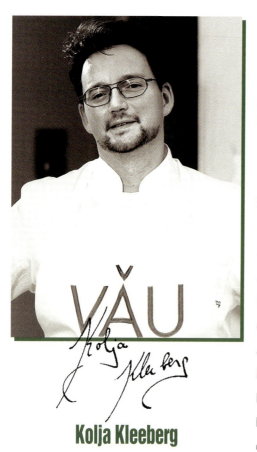

Kolja Kleeberg

Weinempfehlung:

Ein international ausgebauter Sauvignon Blanc, vollreif, aus der Region Carnuntum – kein steirischer Typ!

Ideale Weine dazu:
www.wein.aon.at

Lebenslauf

VAU

Gerhard Nikolaus Kolja Kleeberg, einem gebürtiger Kölner, war die Kochkunst zunächst nicht an der Wiege „gesungen". Nach einer Schauspiel- und Gesangsausbildung sowie einem Engagement am Stadttheater Koblenz trat er erst als 22jähriger eine Kochlehre in Bonn an und ergänzte seine Kunst unter anderem bei Eduard Hitzberger im Ftaner „Haus Paradies", bevor er sich 1993 mit den Restaurants „Gut Sarnow" und „Am Karlsbad" in Berlin selbständig machte. Wesentlich geprägt hat Kleeberg schließlich die Begegnung mit Josef Viehhauser, mit dem er 1996 das mittlerweile legendäre Berliner Restaurant VAU eröffnete, dessen Küchenchef Kleeberg seither ist und dessen Stil er gemeinsam mit seiner für den Service zuständigen Gattin Petra geprägt hat. Seiner Philosophie „Genuss für alle Sinne" folgend hat Kleeberg hier gemeinsam mit seinem Mentor eine zukunftsweisende, conveniencefreie und produktbetonte Küchenlinie kreiert, die er seit Jänner 2001 auch mit großem Erfolg als Frühstücks-Fernsehkoch bei SAT 1 propagiert. Seiner Musikleidenschaft ist Kleeberg übrigens – zumindest als Hobby – bis heute, drei Gault-Millau-Hauben zum Trotz, treu geblieben.

Kolja Kleeberg

St. Pierre

mit Lyoner Wurst, Rucola und dicken Bohnen

Zubereitung:

Geflügelfond evtl. etwas reduzieren, mit einer halbierten geschälten Schalotte und einer ungeschälten Knoblauchzehe. Dabei nach und nach die kalten Butterstückchen einarbeiten. Diesen Fond mit Limonensaft und schwarzem, grobem Pfeffer abschmecken.

Die Scheiben der Lyoner Wurst in den Geflügelfond einlegen und 5 Minuten ziehen lassen.

Achtung! Dabei gibt die Lyoner Wurst noch etwas Salz an den Fond ab. Einen Zweig Bohnenkraut und einen Zweig Thymian mitziehen lassen. Knoblauch, Schalotten und Kräuter rausfischen. Die ausgepuhlten und enthäuteten Bohnenkerne im Fond erwärmen. Die St. Pierre-Filets (ohne Haut) salzen, möglichst ohne zu mehlieren in Pflanzenöl goldbraun braten. Je nach Dicke 1-2 Minuten.

Achtung! St. Pierre wird sehr schnell trocken! - Kurz vor Ende ein Stück frische Butter, einen Zweig Thymian und ein paar Tropfen Limonensaft dazugeben. Den geschnittenen Rucola zum Fond geben, evtl. mit Limonensaft und schwarzem Pfeffer abschmecken. Wurstscheiben, Bohnenfond am besten im tiefen Teller anrichten. Mit dem Olivenöl einige „Fettaugen" in den Fond laufen lassen.

Zutaten:
(Für 4 Personen)

400 ml Geflügelfond
1/2 Schalotte
1 Knoblauchzehe
200 g Butter
Saft 1 Limone
schwarzer Pfeffer

20 dünne Scheiben
Lyoner Wurst
1 Bohnenkrautzweig
1 Thymianzweig
200 g Bohnenkerne

4 St. Pierre-Filets à 70 g
Salz
Mehl
Pflanzenöl
Butter
1 Thymianzweig
Limonensaft
2 Handvoll Ruccola
schwarzer Pfeffer

Seite 71

Kolja Kleeberg
bei seiner gnadenlosen
Qualitätskontrolle.

Bild unten:
In „fremden Gefilden"

Weinempfehlung:

Ein junger Riesling aus dem Rhein-Hessengebiet in Deutschland mit hoher Säure und eingebundener Restsüße.

Ideale Weine dazu:
www.wein.aon.at

Kolja Kleeberg

Pochierter Wildlachs

mit gegrillter Avocado, Limonenmarmelade und Limonenbooster

Zubereitung:

Mondamin mit einem Teil des Wasser anrühren, restliches Wasser aufkochen und damit abbinden. Abkühlen lassen, Limonensaft, Joghurt, Zucker (je nach Geschmack) unterrühren und in einen Sahnesiphon füllen. 2 Patronen einfüllen und ruhen lassen.

Für die Limonenmarmelade die Zesten zweimal blanchieren (überbrühen), den Saft mit dem Zucker und der Glucose sirupartig reduzieren, blanchierte Zesten zugeben. Abkühlen lassen.

Toastbrot entrinden und in der Moulinette mit gerösteten Korianderkörnern, Limonenzesten, Knoblauch, Pfeffer, Salz, Petersilie und Koriandergrün fein mixen.

Wildlachs-Filet sauber parieren (von Haut, Fett und Gräten befreien), d.h. auch den Tran wegschneiden und in 4 Scheiben schneiden. Die einzelnen Scheiben einschneiden ohne durchzuschneiden und schmetterlingsartig aufklappen. Den Riesling in einer flachen Pfanne einkochen, den Fischfond zugeben, etwas abkühlen lassen, die Lachstranchen einlegen und bei 60° C im Ofen oder dem Rechaud 15-20 Minuten garziehen lassen.

Die Avocado schälen, sechsteln, grillen, mit Olivenöl beträufeln, mit Meersalz und grobem, schwarzem Pfeffer bestreuen.

Tipp: Anstatt Wildlachs können Sie auch Saibling verwenden.

Zutaten:
(Für 4 Personen)

100 ml Wasser
8 g Mondamin
100 ml Limonensaft
300 g Joghurt
Zucker

Zesten von 3 Limonen
Saft von 10 Limonen
5 TL Zucker
1 TL Glucose

100 g Toastbrot
1 EL Korianderkörner
1/2 Knoblauchzehe
weißer Pfeffer aus der Mühle
Salz
2 EL Blattpetersilie
2 EL Koriandergrün

400 g Wildlachs-Filet
50 ml trockener Riesling
200 ml Fischfond

1 reife Avocado
etwas kaltgepresstes Olivenöl
grobes Meersalz
schwarzer Pfeffer aus der Mühle

Johanna Maier

Lebenslauf

Hubertushof

Schon seit einem Vierteljahrhundert führt Johanna Maier gemeinsam mit Ehemann Dietmar ihr Genießerhotel im Zentrum von Filzmoos. In ihrem „Hubertusstüberl" hat die gelernte Kellnerin, nach Lernjahren in Paris sowie „Häferlgucken" bei prominenten Spitzenköchen wie Hans Haas oder Dieter Müller eine unverwechselbare persönliche Küchenhandschrift entwickelt, die so traditionsbewusst wie zukunftsweisend ist. Johanna Maiers Geheimnis: Sie trachtet nicht so sehr nach Verfeinerung ihres Images als nach Verfeinerung ihrer Speisen. Und da Johanna Maier eine besessene Perfektionistin ist, kommt dabei mit fast schlafwandlerischer Sicherheit das Beste vom Feinen heraus. Kaum eine andere versteht mit Fischen so sorgsam umzugehen, ihre Fonds und Marinaden komponiert sie wie Partituren, in der Kombination von Aromen unterläuft ihr nicht die geringste stilistische Unebenheit – und trotz ihrer Beherrschung der Großen Küche vergisst „Hannerl" Maier auch nicht darauf, bodenständige Rezepte wie die „Ente Oma Maier" hochzuhalten. Den Weg vom Geheimtipp zur „besten Köchin der Welt" hat „die heilige Johanna der Gasthöfe" übrigens überraschend schnell geschafft.

Darf sich die Mutter von vier Kindern und Bestseller-Autorin seit einigen Jahren doch auch – als einzige Frau der Welt – im Besitz von vier Gault-Millau-Hauben sonnen.

Weinempfehlung:

Ein typischer Ausbruch aus Rust oder der Umgebung um den Neusiedlersee, der den Vergleich mit den berühmten Vertretern aus den Sauternes nicht zu scheuen braucht.

Ideale Weine dazu:
www.wein.aon.at

Johanna Maier

Crème Brûlée

mit Waldbeeren

Zubereitung:

Alle Zutaten vorsichtig unterheben (vorsichtig miteinander vermengen) und im Ofen 20 Minuten bei ca. 100° C pochieren (ohne Wasserbad). Mit etwas braunem Zucker bestreuen und im Ofen bei starker Oberhitze gratinieren. Verschiedene Beeren mit Himbeermus marinieren und zur Crème Brûlée servieren.

Zutaten:
(Für 4 Personen)

770 g Obers
270 ml Milch
220 g Dotter
100 g Zucker
Vanilleschote
brauner Zucker

Beeren nach Wahl
Himbeermus

Seite 79

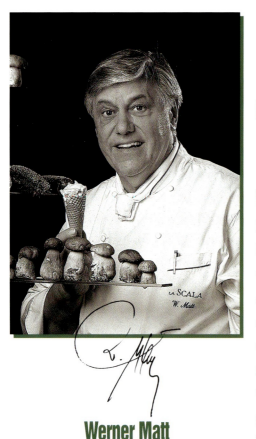

Werner Matt

Weinempfehlung:

Ein Gelber Muskateller, der mit seinem starken Primärbukett ideal mit dieser Speise harmoniert, z.B. aus der Wachau.

Ideale Weine dazu:
www.wein.aon.at

Lebenslauf

Vienna Plaza

Der Titel „Doyen" oder „Altmeister" wird im titelsüchtigen Wien häufig und taxfrei verliehen. Wenn ihn allerdings jemand wirklich verdient hat, so ist es zweifellos Werner Matt. Den Anspruch, die österreichische Küche revolutioniert zu haben, darf Matt schon allein deshalb stellen, weil sein bereits 1982 erschienenes Kochbuch „Erlesenes aus Österreichs Küche", mit einem Vorwort des damals schon weltberühmten Eckart Witzigmann, so etwas wie die Bibel der Neuen Wiener Küche geworden ist.

Vor allem jedoch ist es dem gebürtigen Tiroler Matt zu verdanken, dass er ganze Generationen von Köchen ausgebildet und geprägt hat. Mittlerweile ist er von der „Rôtisserie Prinz Eugen", wo er bereits 1985 als „Koch des Jahres" ausgezeichnet wurde, ins „La Scala" im „Hilton Plaza" übersiedelt und dort hat er nicht nur den begehrten Michelin-Stern erkocht, sondern auch sein zweites Kochbuch: „Werner Matts Erlesene Menüs" fertiggestellt. Ein Titel, der für Matts Küchenstil auch in seinem Ruhestand, den er mittlerweile angetreten hat, weiterhin Programm ist. Denn aufs Kochen verzichten kann und will Matt auch in der Pension nicht.

Werner Matt

Parfait von Taschenkrebsen
mit Mousseline von Zitronengras und Kaviarperlen

Zubereitung:

Gelee: zum Cheminisieren (Ausgießen der Form) und Binden der Einlage verwenden. Geklärten und passierten Fischfond mit Noilly Prat, Safranfäden und Kräutern aufkochen und einige Minuten ziehen lassen. Mit Salz, ein paar Spritzern Zitronensaft und Pernod abschmecken, passieren und die Gelatine beigeben (in kaltem Wasser auflösen, gut ausdrücken).

Einlage: Taschenkrebsfleisch mit in kleine Würfel geschnittenen und blanchierten (überbrühten) Karotten, gelben Rüben und Zucchini vermischen.

Parfait: Die Krebsenbisque handwarm erwärmen. Gelatine warm auflösen und mit der Bisque verrühren. Vorsichtig das geschlagene Obers unterheben und mit Salz, Pfeffer, Cayennepfeffer und ein paar Spritzern Zitronensaft abschmecken.

Zusammensetzen der Terrine: Die gut gekühlte Terrinenform an den Seitenwänden mit Gelee cheminisieren - ausgießen. Dann füllt man abwechselnd Parfait und Einlage schichtweise übereinander ein, wobei jede Schicht im Kühlschrank einige Minuten zum Anziehen benötigt (insg. 4 Schichten). Anschließend einige Stunden kalt stellen. Die Terrinenform kurz in heißes Wasser tauchen und das Krebsenparfait stürzen. Mit einem heißen Messer oder Elektromesser in Scheiben schneiden - portionieren. Aus Wasser, Zitronensaft, etwas Noilly Prat, Salz, Pfeffer und frischem Zitronengras eine Reduktion herstellen (Sud), erkalten lassen und mit dem Sauerrahm kalt rühren.

Die Krebsenparfaitscheiben auf Teller setzen. Die heißen, in Butter gebratenen Blinis daneben legen, mit reichlich Zitronengrasmousseline überziehen und den Kaviar daraufsetzen. Mit marinierten Salatbouquets garnieren.

Zutaten:
(Für 4 Personen)

Gelee:
1/2 l Fischfond
80 ml Noilly Prat
1/2 Pkg. Safranfäden
einige Dillstängel
einige Basilikumblätter
Salz, Spritzer Zitronensaft
Spritzer Pernod, 7 Bl. Gelatine

Einlage:
200 g Taschenkrebsfleisch - Scheren
80 g Gemüse (Karotten, gelbe Rüben, Zucchini)

Parfait:
1/2 l stark reduzierte Krebsenbisque (Sud)
4 1/2 Bl. Gelatine
250 g Obers
Salz, Cayennepfeffer
Spritzer Zitronensaft

Zitronengrasmousseline:
2 EL Zitronengrasreduktion aus: Wasser, Zitronensaft Noilly Prat,
Salz, Pfeffer aus der Mühle
Zitronengras, 1/4 l Sauerrahm

Garnitur:
8 Stk. Buchweizenblinis

Kaviar:
80 g Beluga Malossol Kaviar
8 Salatbouquets
Salz
Zitronensaft
Olivenöl

Helmut Österreicher

Weinempfehlung:

Ein reintöniger Chardonnay aus dem Kamptal mit gut eingebundener Säure.

Ideale Weine dazu:
www.wein.aon.at

Lebenslauf

Steirereck

Nomen est omen: Daß Österreichs erster Vierhaubenkoch ausgerechnet Österreicher hieß, das war schon mehr als nur eine zufällige Fügung. Freilich hat sich auch kein anderer mit soviel Konsequenz Schritt um Schritt dem kulinarischen Olymp der Alpenrepublik genähert. Dabei hatte der gebürtige Waldviertler nach seiner Lehrzeit im Hotel Sacher noch relativ wenig mit Gourmetküche im Sinn. Er heuerte Ende der 70er Jahre im damals gutbürgerlichen Ecklokal „Steirereck" bei Heinz Reitbauer an und machte dieses an der Seite seines vervigen Patrons zu einem der bekanntesten Restaurants der Welt sowie zu einem „Laboratorium der Spitzengastronomie". Nach zahlreichen Reisen rund um den kulinarischen Globus und nachdem sich allmählich eine Haube um die andere eingestellt hatte, wurde Österreichers Karriere bereits 1988 durch den Titel „Koch des Jahres" und schließlich im Jahre 2000 durch die Verleihung des Ehrentitels „Koch des Jahrzehnts" gekrönt. Obwohl mit allen Weihen der großen Küchenwelt versehen, isst Österreicher zuhause mit seiner Familie jedoch keine Gourmetküche, sondern, wie es seinem Namen zukommt, „am liebsten typisch österreichisch".

Helmut Österreicher

Zander in Kürbis-Currysauce
mit geschmortem Paprika

Zubereitung:

Kleinwürfelig geschnittene Schalotten und Kürbiswürfel in Butter ohne Farbe anschwitzen. Mit Apfelsaft aufgießen und 10 Minuten leicht kochen lassen. Mit Fischfond aufgießen, Safran, das Lorbeerblatt und Curry beigeben und noch einmal 10 Minuten kochen. Die gekochten und passierten Erdäpfel, Butter, Dotter, Salz, Pfeffer und den Brandteig vermischen, mit einer Sterntülle Kreise auf Backpapier spritzen und ins heiße Fett einlegen, Papier abziehen und goldgelb backen.

Mit einem Stabmixer mixen und durch ein Sieb seihen. Den Sauerrahm zufügen, mit Salz und Pfeffer abschmecken und vor dem Anrichten stark aufmixen.

Die Zander-Filets an der Hautseite einschneiden, leicht salzen, pfeffern und mehlieren. An der Hautseite anbraten, mit einem sauberen Teller beschweren und so ca. 4 Minuten in ein vorgeheiztes Rohr bei 200° C schieben. Die Fischstücke aus der Pfanne nehmen und mit der Hautseite nach oben warm halten. Die knusprig gebratenen Zander-Filets mit geschmortem, rotem Paprika und den gebackenen Erdäpfelringen servieren.

Zutaten:
(Für 4 Personen)

4 Zander-Filets à 160 g
Salz
Pfeffer
Mehl
1 TL Öl, 1 TL Butter

120 g Schalotten
300 g Kürbis
50 g Butter
1/4 l Apfelsaft
1/4 l Fischfond
1 Msp. Safran
1 frisches Lorbeerblatt
1 TL Curry
3 EL Sauerrahm
Salz
Pfeffer

Gebackene Erdäpfelringe:
500 g Erdäpfel
50 g Butter
3 Dotter
150 g Brandteig
Salz
Pfeffer
Muskatnuss gerieben

Seite 87

Franz Raneburger

Weinempfehlung:

Ein gut gereifter Merlot im Barrique ausgebaut, z.B. aus dem Mittelburgenland.

Ideale Weine dazu:
www.wein.aon.at

Lebenslauf

Bamberger Reiter

Wie kommt ein Tiroler über Bamberg nach Berlin? Franz Raneburger, einer der am weitest gereisten und weltgewandtesten Köche, hat auf erstaunliche Weise vorgemacht, wie man in Berlin eine Restaurantgruppe internationalen Formats aufbauen und dennoch in seiner Seele der österreichischen, zumal der Tiroler Küche, verpflichtet bleiben kann. Vielleicht liegt das daran, dass Raneburger das seltene Glück hatte, in den 60er Jahren zugleich zum Koch, zum Fleischer und zum Konditor ausgebildet zu werden und somit in allen Grunddisziplinen, vor allem jedoch auch in der Wiener Mehlspeisküche sattelfest zu sein. Nach ausgedehnten Reisen durch Asien, in die Südsee und die USA gründete Raneburger zunächst das legendäre „Café Laubach" und bald darauf den „Bamberger Reiter", der ihm bereits 1983 seinen Michelin-Stern eintrug, den er bis heute bravourös verteidigt. Mittlerweile hat sich zu Raneburgers Stammhaus auch noch das „Bistro Bamberger Reiter" sowie das draußen im Grünen gelegene Schloss Glienicke gesellt, in dem Raneburger auch selbst – unter anderem bei den zahlreichen Staats-, Wirtschafts- und Diplomatenempfängen – mit der ihm eigenen Unermüdlichkeit den Kochlöffel schwingt.

Franz Raneburger

Lammkarree

mit Bohnen–Artischockengemüse und Pariser Kartoffeln

Zubereitung:

Die geputzten Lammkarrees mit Salz und Pfeffer aus der Mühle würzen und im heißen Olivenöl von beiden Seiten kurz mit Rosmarin und Thymian anbraten.

Anschließend mit Kräutern bedeckt 12 Minuten bei 180° C in den Ofen stellen.

Das Lammkarree rosa braten und ca. 10 Minuten an einem warmen Ort ruhen lassen.

Bohnen putzen, im Salzwasser weichkochen, im Eiswasser abkühlen und auf einem Tuch beiseite stellen.

Artischocken putzen, Blätter und Heu entfernen, in etwas Olivenöl anbraten und mit Weißwein und Wasser aufgießen. Meersalz und Lorbeerblatt dazugeben und 10 Minuten ziehen oder köcheln lassen.

Kartoffeln in der Schale kochen, schälen und in Olivenöl mit gehacktem Rosmarin und Knoblauch goldgelb anbraten.

Bohnen und Artischocken klein schneiden, in Butter und Gemüsefond schwenken, und mit Salz, Pfeffer und Bohnenkraut abschmecken.

Das Fleisch in 1 cm dünne Scheiben schneiden und auf die Bohnen setzen.

Die Kartoffeln und Lammjus dazu geben.

Zutaten:
(Für 4 Personen)

2 Stück Lammkarree ca. 800 g
Salz
Pfeffer aus der Mühle
Olivenöl
2 Rosmarinzweige
2 Thymianzweige

500 g Bohnen
2 Artischocken
etw. Öl
1/8 Liter Weißwein
Meersalz
Lorbeerblatt
Butter
1 EL Gemüsefond
1 TL Meersalz
weißer Pfeffer
Bohnenkraut

800 g Genaillekartoffeln
1 EL Olivenöl
Knoblauch
Rosmarin

Seite 90

Herwig Sabitzer

Lebenslauf

Restaurant Sabitzer

Der Name Sabitzer hat in der Gourmet- und Weinwelt einen besonderen Klang. Der aus Friesach in Kärnten stammende Herwig Sabitzer machte sich nach Lehr- und Wanderjahren in der Bourgogne, im Pariser Maxims und beim legendären Humpelmayr in München bereits 1978 mit der „Alten Königswache" selbständig und holte sich binnen kürzester Zeit den ersten Michelin-Stern.

1980 öffnete das mittlerweile schon zur Legende gewordene „Sabitzer im Lehel" seine Pforten. In den 90er Jahren erkannte Herwig Sabitzer als einer der ersten die Zeichen der Zeit und setzte, vor allem mit seinem „Bistro Chablis", auf eine schnellere und unkompliziertere Art der Gastronomie. In letzter Konsequenz reduzierte Sabitzer sein Imperium auf eine kleine, aber feine Vinothek in München-Lehel, gleich neben seinem ehemaligen Restaurant, von der aus er auch einen schwunghaften Handel mit Wein und Spirituosen betreibt.

Seiner Kochleidenschaft ist Sabitzer jedoch, wenngleich zum Leidwesen seiner früheren Gäste nur noch im privaten Rahmen, bis heute treu geblieben.

Weinempfehlung:

Ein goldgelber, funkelnder Rotgipfler, ruhig mit 6-8 g Restzucker - den es in dieser Form nur in der Thermenregion gibt.

Ideale Weine dazu:
www.wein.aon.at

Herwig Sabitzer

Gefüllte Bressepoularde
auf Sommersalaten mit gehobelten Steinpilzen

Zubereitung:

Bressepoularde hohl auslösen. Geflügelfleisch und Schweinebauch durch die feine Scheibe des Fleischwolfs drehen und mit Salz und Pfeffer würzen. Ei und Obers darunter heben. Die Gansstopfleber enthäuten, in grobe Würfel schneiden und ebenfalls unter die Masse heben.

Die Bressepoularde mit der Farce füllen und in ein Küchentuch oder eine Folie einbinden. Die gefüllte Poularde nun in einem Topf mit Geflügelfond bedeckt bei 75° C ca. 90 Minuten pochieren (unter dem Siedepunkt garen). Die Poularde in gleich dicke Scheiben schneiden und lauwarm auf den Sommersalaten anrichten.

Mit einem Trüffelhobel die Steinpilze darüber hobeln.

Zutaten:
(Für eine Poularde, ca. 8-10 Scheiben)

1 Bressepoularde
200 g Geflügelfleisch
150 g Schweinebauch
100 g Salz
5 g weißer Pfeffer
1 Ei
200 ml Obers
200 g Gansstopfleber
ca. 2 l Geflügelfond

Garnitur:
2 kleine Steinpilze
Sommersalate

Martin Sieberer

Weinempfehlung:

Ein kräftiger, durchaus in Holz ausgebauter Blaufränkisch aus dem Mittelburgenland.

Ideale Weine dazu:
www.wein.aon.at

Lebenslauf

Trofana Royal

Der „beste Koch Tirols" – dieser Titel wurde Martin Sieberer 1999 offiziell verliehen – stammt aus Hopfgarten im Brixental, wo er seine Lehrjahre auch in einem kleinen Familienhotel begann. Sieberers weitere Karriere führte ihn durch die Küchen von so renommierten Häusern wie dem „Altwienerhof", „Schloss Fuschl", dem Konstanzer „Seehotel Silber" oder dem „Grand Hotel Kronenhof" in Pontresina. Bereits im Alter von 23 Jahren machte er dann als einer der jüngsten Küchenchefs des Landes im Kitzbüheler „Tennerhof" von sich reden, erkochte dort zwei Hauben und fügte diesen im 1996 neu erbauten „Trofana Royal" in Ischgl eine dritte hinzu. Der bisherige Höhepunkt der kometenhaften Laufbahn des heute 37jährigen war schließlich seine Wahl zum „Koch des Jahres 2000". Sein berufliches Credo hat Sieberer in seinem erfolgreichen Kochbuch „Von allen Sinnen" formuliert: „Kochen darf niemals nur einfach Beruf sein, es muss Berufung sein, und jedes Gericht muss durch die Harmonie von Geschmack und Ästhetik Wellness für die Sinne werden".

Martin Sieberer

Gefüllte und geräucherte Wachtel
mit Walnussrisotto

Zubereitung:

Walnussrisotto: Schalotten und Knoblauch fein hacken, in Walnussöl sautieren (schwingend anrösten), den Risottoreis dazugeben, kurz durchrühren, mit Weißwein ablöschen und mit der Rindsuppe aufgießen. Das Ganze einkochen lassen, bis der Reis die Flüssigkeit aufgenommen hat, danach auf eine kalte Fläche geben, damit der Reis abkühlt.

Beim Fertigstellen des Risottos etwas Rahm, Rindsuppe und den vorgedünsteten Risottoreis erwärmen und die Walnusskerne in der aufschäumenden Butter kurz durchrösten.

Die Hälfte der Kerne als Garnitur beiseite geben, die andere Hälfte kommt in das Risotto. Das Risotto wird mit Butter und Parmesan montiert (langsam dazugeben) und mit Meersalz, Pfeffer, Muskat und Basilikum abgeschmeckt.

Wachteln: Die Wachtelbrüste auslösen und leicht plattieren. Die in Würfel geschnittene Gänseleberterrine mit den blanchierten (überbrühten) Spinatblättern einwickeln, auf die mit Salz und Pfeffer gewürzten Wachtelbrüste geben und die Brust rundherum einschlagen. Dann mit einem Spagat binden und die Wachteln ganz kurz in der Pfanne anbraten.

Anschließend in einer stark erhitzten Pfanne mit Jasmintee und dem Räucherholzmehl im Umluftofen bei 66° C noch 10 Minuten fertig garen.

Zutaten:
(Für 4 Personen)

Walnussrisotto:
1 Schalotte
1 Knoblauchzehe
20 g Walnussöl
4 EL Risottoreis
40 ml Weißwein
1/8 l Rindsuppe
1 EL Rahm
ca. 50 ml Rindsuppe
80 g Walnusskerne
20 g Butter

30 g Butter
50 g Parmesan
Meersalz
Pfeffer
Muskat
Basilikum

Wachteln:
6 gr. Wachtelbrüste
610 g Gänseleberterrine
6 Stk. Blattspinat
Meersalz
Pfeffer
2 EL Jasmintee
2 EL Räucherholzmehl

Sissy Sonnleitner

Lebenslauf

Kellerwand

Sissy Sonnleitner, von ihren zahlreichen Stammgästen ob ihrer Leidenschaft für die italienische Kochkunst liebevoll auch „Sissy nazionale" und wegen ihrer gleichermaßen bodenständigen Küchenlinie auch „Sissy von Österreich" genannt, ist längst so etwas wie die ungekrönte Königin der Kärntner Küche. Mit ihrem Kochbuch „Um einen Tisch" hat die „Köchin des Jahres 1990" Kärntner Küchengeschichte geschrieben, und ihr schmuckes Landhaus am Schnittpunkt dreier Sprach- und Kochkulturen gilt mit Recht als einer der Pionierbetriebe des österreichischen Küchenwunders der 80er und 90er Jahre. Hier drücken einander vazierende Berufsgourmets und lustwandelnde privatime Leckermäuler die Klinke in die Hand – und werden von Frau Sissy dank einer ganz persönlichen, über die Jahrzehnte bewährten Handschrift mit einer unverwechselbaren Mischung aus friulanischer, österreichischer und einem aparten Schuss provencealischer Küche verwöhnt. Patron Sonnleitner verwaltet den Schlüssel zu einem der bestsortierten Weinkeller des Landes – und zögert nicht, letzteren für seine Gäste auch weit zu öffnen.

Weinempfehlung:

Ein höhergradiger Riesling (Spätlesebereich) mit dem nötigen Säuregerüst aus den Lagen des Kamptals ergänzt dieses Gericht vortrefflich.

Ideale Weine dazu:
www.wein.aon.at

Sissy Sonnleitner

Kalbsbriesravioli
mit Artischocken, Scampi und Pignolien

Zubereitung:

Nudelteig: Aus Weizenmehl, Hartweizenmehl, Eiern und Öl einen Teig kneten und diesen zugedeckt ca. 1/2 Stunde rasten lassen.

Ravioli: Das Kalbsbries in kaltem Wasser ca. 5 Stunden wässern. In Essigwasser mit Wurzelgemüse und Lorbeerblatt kalt zustellen und ca. 30 Minuten pochieren (unter dem Siedepunkt garen).
Die Erdäpfel in der Schale kochen, schälen und sofort durchpressen. Gehackte Schalotten in Butter glasig dünsten und mit dem Sauerrahm zu den Erdäpfeln geben. Mit Salz, Muskat und Basilikum abschmecken. Für die Ravioli den Teig ausrollen, die Erdäpfelfülle und eine Scheibe Kalbsbries drauflegen und mit Teig abdecken. Ausstechen.

Die Scampi in kochendes Wasser geben, Dill und Fenchel beifügen. Die Scampi aus dem Sud nehmen, die Schwänze ausbrechen und den Darm entfernen. Die Schalen mit Wurzelgemüse faschieren und daraus im bestehenden Sud einen Fond kochen. Die Artischocken zurüsten und kochen. Aus dem Scampifond mit Vermouth eine Reduktion herstellen und diese kurz vor dem Servieren mit Butter montieren (langsam dazugeben) und mit Basilikum abschmecken. Die Artischocken je nach Größe achteln oder vierteln und in Olivenöl mit Schalotten, Petersilie und Knoblauch schwenken. Die Ravioli kochen und mit den Artischocken, den Scampi und dem Fond und den gerösteten Pignolien servieren.

Zutaten:
(Für 4 Personen)

Nudelteig:
100 g Weizenmehl
100 g Hartweizenmehl
2 Eier
1 EL Olivenöl

Ravioli:
1 Kalbsbries
Essig
Wurzelgemüse
Lorbeerblatt
3 mittelgroße Erdäpfel
1 TL Schalotten
1 TL Butter
1 EL Sauerrahm
Salz
Muskat
Basilikum

4 Scampi
1 Dillstängel
getrockneten Fenchel

Artischocken
Olivenöl
Schalotten
Petersilie
Knoblauch

50 ml Vermouth
40g Butter

Garnitur:
Pignolien

Seite 103

Michael Triebel

Weinempfehlung:

Ein rassiger Schilcher (Blauer Wildbacher) aus dem klassischen Anbaugebiet in der Weststeiermark.

Ideale Weine dazu:
www.wein.aon.at

Lebenslauf

Golf-Parkhotel Velden

Die Position des Küchenchefs im fashionablen Traditionshotel am Veldener Seecorso ist der bisherige Höhepunkt einer Kochkarriere, die, auch wenn sie immer wieder internationale Gefilde streifte, letztlich doch auf Kärnten fokussiert blieb. Der gebürtige Villacher erlernte den Kochberuf im „Kurhotel Warmbaderhof", kochte danach im „Ronacher" sowie in der „Alten Post" zu Bad Kleinkirchheim auf und übersiedelte von dort ins „Palmenrestaurant des Parkhotel Pörtschach", wo Michael Triebel auch seine Gault-Millau-Haube erkochte. Die Wintersaison verbrachte er als Chef de Cuisine im „Hotel Elisabeth" in Ischgl. Seine Meisterschaft stellte Triebel aber nicht nur im Alltagsgeschäft, sondern vor allem auch bei zahlreichen Kochwettbewerben unter Beweis: 1991 holte er bei der Olympiade der Berufsköche in Amsterdam Gold für Österreich. 1992 belegte er beim Commis-Wettbewerb der Chaîne des Rôtisseurs den ersten Platz. 1996 wurde er schließlich von Raimund Stani ins „Parks" geholt und ist dem Haus seither aufs engste verbunden geblieben.

Michael Triebel

Backhendl vom Stubenkücken

mit Erdäpfel-Gurkensalat

Zubereitung:

Von den Stubenkücken die Brüste und Keulen ablösen, entknochen und in die angerührte Hendlmarinade aus Sauerrahm, geschnittenen Kräutern, Zitronensaft, Worchestershire, Paprikapulver, Salz und Pfeffer legen. Am besten einige Stunden darin ziehen lassen. Aus den Karkassen (Knochen) und dem in Würfel geschnittenen Suppengrün, Lorbeerblatt, Thymian, Schalotten mit Schale, Salz und Pfefferkörnern einen knappen Geflügelfond von ca. 200 ml kochen. Zwischendurch immer wieder abschäumen und entfetten - durchseihen und parat halten. Die Gurken schälen und die Kerne herausnehmen, in feine Scheiben schneiden und einsalzen. Kartoffeln kochen und schälen. Anschließend möglichst warm in dünne Scheiben schneiden.

Senf, Curry, Weißwein, Maiskeimöl, Petersilie, Salz und Pfeffer mit dem Geflügelfond zu einer Marinade rühren. Leicht anwärmen und mit den Erdäpfelscheiben ziehen lassen, bis der Erdäpfelsalat schön sämig ist.
Die Gurken ausdrücken und vorsichtig unter die Kartoffeln mischen, gut nachwürzen, mit Schnittlauch abrunden. Die Hendlteile panieren (mit entrindetem Weißbrot und Kürbiskernen feinst gehackt und vermischt) und bei moderater Hitze in Butterschmalz herausbacken, auf Küchenkrepp legen, abtropfen lassen.

Den Salat in die Mitte des Tellers setzen, mit den Hendlstückchen umlegen und mit einer Zitronenspitze und Kerbelblättchen garnieren. Das kleine Detail: Eventuell noch mit ein wenig kompaktem Rahmdressing optisch aufwerten, mit etwas Kernöl oder Paprikaöl farblich ergänzen.

Zutaten:
(Für 4 Personen)

5 Stubenkücken à 400 g
200 g Suppengemüse
1 Lorbeerblatt
etw. Thymian
2 Schalotten mit Schale
Salz
einige Pfefferkörner

Hendlmarinade:
150 g Sauerrahm
50 g Kräuter
20 ml Zitronensaft
20 ml Worchestershire
1 TL Paprikapulver
Salz
Pfeffer

Erdäpfel-Gurken-Salat:
500 g Salatgurken
1000 g speckige Kartoffeln
1 EL Senf
1 Msp. Curry
4 EL Weißweinessig
6 EL Maiskeimöl
2 EL Petersilie
Salz
Pfeffer aus der Mühle
Geflügelfond

Panieren:
Mehl
Eier
Weißbrot
Kürbiskerne
Frittieröl oder Butterschmalz

Garnieren:
Zitronen
Kerbelblätter
Rahmdressing

Bevor Michael Triebel (1.v.r.) die Kochkollegen in seinem Küchenreich an den Herd bittet, stärkt man den Kreislauf noch schnell mit einem Gläschen Sekt!
v.l.n.r.: Raimund Stani, Josef Unterberger, Helmut Österreicher, Manfred Buchinger, Heino Huber, Martin Sieberer, Josef Viehhauser, Edi Hitzberger und Michael Triebel.

Bild unten:
Sterne-Koch Hans Haas und Michael Triebel:
„Wie nemma eahm denn?"

Weinempfehlung:

Ein frischer Welschriesling mit spritziger Fruchtigkeit und nicht zu hohem Alkoholgehalt, z.B. aus der Südsteiermark.

Ideale Weine dazu:
www.wein.aon.at

Michael Triebel

Gefüllte Minipaprika

Zubereitung:

Alle Zutaten, das entgrätete Zander-Filet, Weißbrot, Butter, die angeschwitzte Zwiebel, Eiklar und die in kleine Würfel geschnittene Trüffel gut kühlen, fein faschieren, passieren oder kuttern und auf Eis das halb fest geschlagene Obers nach und nach darunterziehen. Die Minipaprika mit getrüffelter Fischfarce füllen und bei 150° C ca. 20 Minuten dämpfen. Die Paprika auf Weißweinsauce anrichten, mit Rotweinsauce umranden und mit Holzspieß einziehen.

Weißweinsauce: Noilly Prat, in Würfel geschnittene Schalotte, etwas Pernod und Weißwein zur Hälfte einkochen, mit Gemüsefond, Salz und Zitrone abschmecken. Mit Butterflocken montieren (langsam dazugeben).

Rotweinreduktion: Rotwein mit Salz, Pfeffer und etwas Zucker dick flüssig einkochen.

Beilagenvorschläge: dünne Nudeln, Wildreis, Safrankartoffeln oder kleines Gemüse.

Zutaten:
(Für 4 Personen)

4 Minipaprika

Fischfarce:
250 g Zander-Filet
75 g Weißbrot
50 g Zwiebel
etw. Butter
1 Eiklar
1/4 l Obers
1 EL Trüffel Brunoise

Weißweinsauce:
50 ml Noilly Prat
1/2 Schalotte
etw. Pernod
100 ml Weißwein
100 ml Gemüsefond
Salz
Zitrone
ca. 30 g Butter

Rotweinreduktion:
100 ml Rotwein
Salz
Pfeffer
etw. Zucker

Seite 110

Seite 111

Friandises mal 100, tout de suite! Kein Problem für den erfahrenen Küchenchef Michael Triebel (re).

Bild unten:
Versuchung mal zwei! Raimund Stani und ORF-Moderatorin Karin Guggl als „Vorkoster" in der Küche.

Weinempfehlung:

Ein aromatischer Traminer, am besten aus dem Gebiet um Klöch, wo er in seiner wahrscheinlich besten Ausprägung vorkommt.

Ideale Weine dazu:
www.wein.aon.at

Michael Triebel

Schwarzbarsch-Filet
in Cassis-Kokos

Zubereitung:

Weißweinsauce: Schalotten in Butter anschwitzen, mit Weißwein ablöschen, etwas einkochen, mit Fischfond auffüllen, wiederum etwas einkochen lassen, Obers beigeben und mit Salz, Pfeffer und Zitronensaft abschmecken.

Cassis-Kokossauce: Zucker karamelisieren, mit Rotwein ablöschen, Cassislikör und Coco Tara zugeben.

Schwarzbarsch-Filet: Salzen, pfeffern, mit Zitrone beträufeln, mehlieren und in einer Teflonpfanne braten.

Kerbelkruste: Kerbel und entrindetes Toastbrot klein hacken und mit Crème fraîche, Ei, Pfeffer und Austernsauce vermischen - eine halbe Stunde rasten lassen, Mischung auf den gebratenen Fisch dressieren (formen), im Salamander oder im Backrohr bei starker Oberhitze 1 Minute überbacken - anrichten.

Zutaten:
(Für 4 Personen)

400 g Schwarzbarsch-Filet
Salz
Pfeffer
Zitrone
Mehl

Cassis-Kokossauce:
1 EL Zucker
40 ml Rotwein
40 ml Cassislikör
1 EL Coco Tara

Weißweinsauce:
2 Schalotten
20 g Butter
1/8 l Weißwein
400 ml Fischfond
200 ml Obers
Salz
Pfeffer
Zitronensaft

Kerbelkruste:
kl. Bd. Kerbel
2 Scheiben Toastbrot
200 g Crème fraîche
1 Ei
weißer Pfeffer
1 Spritzer Austernsauce

Garnitur:
4 Rote Rüben (mini)

Seite 115

Sepp Trippolt

Lebenslauf

Zum Bären

Sepp Trippolt verkörpert schon von seinem Erscheinungsbild her Gastfreundschaft und Lebensfreude. Was der gelernte Fleischhauer und kochende Autodidakt vor vielen Jahren als gutbürgerliches Dorfgasthaus eröffnete, ist mittlerweile zu einer der führenden Gourmet-Adressen Österreichs geworden. In Bad St. Leonhard fühlt man sich so familiär umsorgt, dass es kein Wunder ist, wenn man mitunter nicht in einem Restaurant, sondern in einem gemütlichen Wohnzimmer zu sitzen glaubt. Die Küche ist in den letzten Jahren immer noch ein wenig leichter und perfekter geworden. Im übrigen hat sich an der Philosophie des Hauses wenig geändert, die da lautet: in angenehm unkomplizierter Atmosphäre alles anzubieten, was rundherum blüht, gedeiht, gejagt, gefischt oder gezüchtet wird. „Nichts ist so stark wie eine Idee, deren Zeit gekommen ist", liest man auf der handgeschriebenen Speisekarte dieses gastfreundlichen Hauses, und es besteht kein Zweifel, dass Vater und Sohn Trippolt gegenwärtig eine „große Zeit" haben, in der sie – Generationen überspannend – täglich ein Senior- und ein Juniormenü auf die Karte setzen.

Weinempfehlung:

Ein geschmeidiger St. Laurent mit typischer Weichselaromatik, z.B. aus dem Burgenland oder der Thermenregion.

Ideale Weine dazu:
www.wein.aon.at

Sepp Trippolt

Lammkarreebratl im Rosmarinsaft

Zubereitung:

Lammkarree: Dem Karree (ausgelöst oder mit Knochen) wird die Haut abgezogen, Sehnen und Fett entfernen. Mit Salz, Pfeffer, Rosmarin und Knoblauch würzen und in Olivenöl beidseitig scharf anbraten. Dann das Fleisch ca. 8 Minuten bei 220° C ins Rohr geben und mit Rindsuppe aufgießen.

Anschließend aus dem Rohr nehmen und warmstellen. Das rosa gebratene Lamm in Scheiben schneiden und mit der Kartoffel-Schwammerl-Roulade und dem Strankerlgemüse anrichten. Über das Fleisch den Rosmarinsaft ziehen, der beim Braten entstanden ist.

Kartoffel-Eierschwammerl-Roulade: Die Kartoffeln ungeschält in Salzwasser kochen. Schälen, passieren und auskühlen lassen. Mit Mehl, Butter, Eidotter zu einem Teig verarbeiten, mit Salz und Muskatnuss würzen. Die klein gehackten Eierschwammerln in Butter und etwas Zwiebeln anschwitzen, salzen, pfeffern, und Petersilie beimengen. Dünsten bis fast das ganze Wasser austritt, auskühlen lassen. Die Kartoffelmasse ausrollen, die Schwammerlfülle einstreichen und einrollen. Die Roulade in eine mit Butter bestrichene Serviette geben und an beiden Seiten zubinden. In kochendes Salzwasser geben, 20 Minuten köcheln lassen, auswickeln und in Scheiben schneiden.

Strankerlgemüse: Die Strankerln putzen und in Salzwasser kochen. In einer Pfanne Butter zerlaufen lassen, darin die mit Salz und Pfeffer gewürzten Strankerln schwenken und die in Streifen geschnittene Paradeiser untermischen. Das Gemüse zum Lamm anrichten.

Zutaten:
(Für 4 Personen)

Lammkarree:
800 g Lammkarree
Salz
Pfeffer
Rosmarin
Knoblauch
Öl
Rindsuppe

Kartoffel-Eierschwammerl-Roulade:
250 g mehlige Kartoffeln
100 g griffiges Mehl
2 EL Butter
2 Dotter
Salz
Muskat
Eierschwammerln nach Belieben
Butter
Zwiebel
Salz
Pfeffer
Petersilie

Strankerlgemüse:
500 g Strankerln (Fisolen)
Butter
Salz
Pfeffer
1 Paradeiser

Seppi Trippolt

Weinempfehlung:

Ein nicht zu kräftiger Ruländer (Synonyme: Grauer Burgunder, Grauer Mönch, Pinot Gris), z.B. aus dem Kremstal.

Ideale Weine dazu:
www.wein.aon.at

Lebenslauf

Zum Bären

Der Apfel fällt nicht weit vom Stamm, und der Seppi hat vom Sepp die Liebe zur Kochkunst mehr als nur geerbt. Die Welt der großen Gastronomie lernte Seppi Trippolt schon während seiner Lehrjahre im berühmten „Arlberg-Hospiz" von St. Christoph kennen. Dann holte er sich im „Four Ways Inn" auf Bermuda noch den letzten Schliff und steht seit 1992 gemeinsam mit dem Herrn Papa in der Küche des „Bären" zu St. Leonhard. Generationsprobleme am Herd werden bei den Trippolts dabei nicht unter den Tisch gekehrt, sondern konstruktiv bewältigt (Sepp Trippolt: „Der G´scheitere gibt nach, und das ist halt meistens der Ältere."). Wobei Vater Trippolt über seinen Filius nicht das Geringste kommen lässt: „Seit der Seppi mitkocht, ist unsere Küche elaborierter geworden, und vor allem die Fischküche hat eine völlig neue Handschrift erhalten. Bei aller Liebe zur Bodenständigkeit setzt der Seppi auch immer wieder moderne, leichte und zeitgemäße Akzente. Und dann ist er halt auch der Süße in der Familie. Er macht auch wunderschöne Desserts!"

Seppi Trippolt

Zander in Erdäpfelkruste

auf rotem und gelbem Paprika mit grünem Spargel

Zubereitung:

Die enthäuteten Zander-Filets mit Salz, Pfeffer und Zitrone würzen. Die gekochten Erdäpfel auf der Röstischeibe drüberhobeln. Vorsichtig auf der Erdäpfelseite anbraten, umdrehen und langsam weiterbraten. Je eine Hälfte der Paprika kochen und fein pürieren. Die anderen Hälften in kleine Würfel schneiden, unter die pürierten Paprika geben und mit einem Schuss Olivenöl, Salz und Zucker nicht ganz weichkochen.

Den grünen Spargel an den Enden gut putzen, im heißen Wasser mit einer Zitronenscheibe knackig kochen und in Butter schwenken.

Zutaten:
(Für 4 Portionen)

4 Zander-Filets à 150 g
Salz
Pfeffer
Zitrone
2 gr. Erdäpfel gekocht
1 roter Paprika
1 gelber Paprika
Olivenöl
Salz
Zucker
12 Stangen grüner Spargel
Butter

J. Hasi Unterberger

Josef Unterberger †

Weinempfehlung:

Eine Cuvée aus Cabernet Sauvignon, Merlot und Blaufränkisch mit erdigem Unterton, wobei der Cabernet Sauvignon dominieren sollte, z.B. aus dem Gebiet um Gols.

Ideale Weine dazu:
www.wein.aon.at

Lebenslauf

Unterberger Stuben

Josef „Hasi" Unterberger, der frühe Weggefährte Eckart Witzigmanns zählt zu jenen ganz wenigen Köchen, die bereits an der Wiege dessen standen, was man heute gerne als „österreichisches Küchenwunder" bezeichnet. Außerdem hat er, in fast prophetischer Art, schon die Renaissance des österreichischen Wirtshauses vorweggenommen, als er sein Kitzbüheler Restaurant bereits vor einem Vierteljahrhundert in noblem Understatement schlicht „Wirtshaus Unterberger Stuben" bezeichnete. Von Anfang an verstand sich Unterberger als „Klassiker", für den die Voraussetzung jeglicher Kreativität die absolute und souveräne Beherrschung des Handwerks ist. Auf dieser Voraussetzung baute Unterberger jedoch nicht nur hochfeine und bodenständig inspirierte Gerichte, sondern auch phantasievolle und Gaumen wie Auge betörende Kreationen auf, bei denen asiatische Aromen eine wesentliche Rolle spielten. Am 24. September 2002 ist Josef Unterberger, mit dem die österreichische Gastronomie einen ihrer ganz Großen verloren hat, nach kurzer, schwerer Krankheit im 60. Lebensjahr verstorben.

Josef Unterberger

Lammhüfte im eigenen Saft

geschmort mit jungem Gemüse, Spitzkohlkugel, geräuchertem Knoblauch und Trüffelpolenta

Zubereitung:

Kohlkugel: 100 g Kohl in kleine Würfel schneiden, blanchieren (überbrühen). Zwiebel und Speck mit Butter anschwitzen, Kohl dazugeben, mit Obers aufgießen und zu einer dicken cremigen Masse kochen. Schinken dazugeben, in Kohlblätter wickeln, zu Kugeln formen und in gebuttertem Geschirr ca. 15 Minuten im Rohr bei 200° C braten.

Lammhüfte: zuputzen, Hautseite leicht einschneiden, salzen, pfeffern. In Öl auf Hautseite anbraten. Mit dem blanchierten Gemüse, Thymian, Knoblauch, Rosmarin, Kirschtomaten und Lammfond ca. 15 Minuten schmoren.
Fleisch und Gemüse aus der Sauce geben, warmstellen. Sauce einreduzieren und mit Butter montieren (langsam dazugeben).

Zutaten:
(Für 4 Personen)

2 Lammhüften
2 Kirschtomaten
2 junge Karotten
6 geräucherte Knoblauchzehen

Beilage:
2 Spitzkohlblätter blanchiert
100 g Schinkenwürfel
100 g Trüffelpolenta
Thymianzweig
Rosmarinzweig
1/8 l Lammfond
etw. Obers

Seite 127

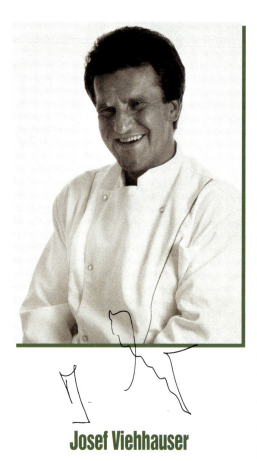

Josef Viehhauser

Lebenslauf

Le Canard

Josef Viehhauser hat sich nach einer strahlenden Karriere als höchstdekorierter Hauben- und Sternekoch vorerst einmal eine Nachdenkpause verordnet. Immerhin steuerte er jahrzehntelang eines der erfolgreichsten deutschen Gastro-Imperien, dem drei Betriebe in Hamburg und drei in Berlin angehörten, mit der Nonchalance eines Hanse-Kapitäns. Weltberühmt hat Viehhauser sein Restaurant „Le Canard" im Hamburger Nobelvorort Blankenese gemacht, für das er vom französischen Gourmetpapst Christian Millau einmal als „einer der besten Köche der Welt" gerühmt wurde. Viehhauser ist bis heute ein Anhänger der „Nouvelle Cuisine" mit all ihrer Leichtigkeit, Duftigkeit und Bekömmlichkeit geblieben. Zu seinen zahlreichen kulinarischen „Erfolgsgeheimnissen" zählt neben seiner hohen kulinarischen Phantasie vor allem die Abwesenheit unnötiger Schnörkel (und vor allem auch von dem von ihm verachteten Knoblauch) entschlackte Küchenlinie von selbstverständlicher Grandezza sowie sein ebenso knorriger wie eloquenter Charme, dem Viehhauser gerne freien Lauf lässt, zumal dann, wenn es um große Küche und um große Weine – seine Spezialität sind alte Bordeaux – geht.

Weinempfehlung:

Ein reifer Rheinriesling aus deutschen Gefilden mit wirklich gut eingebundener Säure ist die ideale Ergänzung zu diesem Gericht.

Ideale Weine dazu:
www.wein.aon.at

Josef Viehhauser

Filet vom Seesaibling

mit weißem Bohnenpüree und Ingwersauce

Zubereitung:

Ingwersauce: Zucker karamelisieren lassen, eingelegten Ingwer und Ingwersaft zugeben, weich köcheln lassen und im Mixer fein pürieren. Zu dem Ingwerpüree Crème fraîche dazu geben und mit Salz, Cayenne und Zitronensaft abschmecken sowie frischen, geriebenen Ingwer nach Geschmack. Zum Schluss die Sauce aufmixen und mit Butterflöckchen montieren (langsam dazugeben).

Weißes Bohnenpüree: Bohnen über Nacht in kaltem Wasser einweichen und dann mit Mineralwasser knapp bedeckt aufsetzen. Eine Prise Salz dazugeben, weichkochen, pürieren, passieren und mit Salz und Zitrone nachschmecken, mit wenig geschlagenem Obers vollenden.

Seesaiblinge: Die Saiblinge entgräten und filetieren und in Fischfond bei ca. 80° C pochieren (unter dem Siedepunkt garen). Die Saiblinge, Ingwersauce und das Bohnenpüree nebeneinander auf dem Teller anrichten.

Zutaten:
(Für 2 Personen)

Seesaibling:
2 Seesaiblinge (500-800 g)
Fischfond

Ingwersauce:
10 g Zucker
50 g eingelegter Ingwer
Ingwersaft
150 g Crème fraîche
Salz
Cayennepfeffer
Zitronensaft
50 g frischer Ingwer
Butter

Bohnenpüree:
300 g weiße Bohnen
Mineralwasser
Salz
1 Spritzer Zitronensaft
1 EL Obers

Auf jedes Detail achtend, auch auf die richtige Platzierung des Suppentellers.

Bild unten:
„Die Soße zum Fleisch ist wie das Salz in der Suppe!"

Weinempfehlung:

Ein feinnerviger Grüner Veltliner, vorzugsweise aus dem Kremstal oder der Wachau.

Ideale Weine dazu:
www.wein.aon.at

Josef Viehhauser

Kärntner Nudeln

mit Sommertrüffel

Zubereitung:

Aus Mehl, Milch, Ei, Salz und Muskatnuss einen glatten, festen Teig kneten und mindestens eine halbe Stunde ruhen lassen.

Die gekochte Kartoffel schälen, vierteln und ausdampfen lassen. Die Kartoffeln durch eine Kartoffelpresse pressen. Die Kartoffelmasse mit Topfen und Dotter vermengen und mit Salz und Muskat abschmecken. Die klein geschnittene Schalotte in der Butter anschwitzen und unter die Masse heben, alles gut verrühren.

Den Teig mit der Nudelmaschine auf 2 mm Stärke ausrollen und mit einem Ausstecher etwa 3,5 cm große Kreise ausstechen. Den ausgestochenen Nudelteig mit 1/2 TL Kartoffelmasse belegen, die Ränder mit etwas Wasser bestreichen und zu Halbmonden zusammendrücken.

Für die Champagner-Trüffelsauce den Stangensellerie schälen und in kleine Würfel schneiden. Zusammen mit der gehackten Schalotte in etwas Butter anschwitzen und mit Champagner und Geflügelfond auffüllen. Um 1/3 reduzieren lassen. Die Crème fraîche dazugeben, kurz verkochen lassen und mit der Trüffelbutter aufmixen, mit Salz und Cayennepfeffer abschmecken.

Die Nudeln 5 Minuten in siedendem Wasser garen und einmal in zerlassener Butter wenden. Die Nudeln anrichten, mit Soße nappieren und mit hauchdünn gehobeltem Sommertrüffel servieren.

Zutaten:
(Für 4 Personen)

100 g griffiges Mehl
3-4 EL Milch
1 Ei
Salz
geriebene Muskatnuss
1 gr. mehliger Kartoffel
170 g trockener Topfen
1 Dotter
1 kl. Schalotte
etw. Butter

Champagner-Trüffelsauce:
1 EL Stangensellerie
1 EL Schalotten
etw. Butter
100 ml Champagner
200 ml Geflügelfond
150 ml Crème fraîche
1 EL Trüffelbutter
Salz
Cayennepfeffer
1 TL Butter zum Wenden der Sommertrüffel

Seite 135

Einem Häppchen in Ehren kann auch ein Viehhauser nicht widerstehen.

Bild unten:
Josef Viehhauser und Werner Matt beim wohlverdienten Relaxen.

Weinempfehlung:

Hier ist Prickelndes angesagt! Ein Champagner oder Sekt im Brut- bzw. trockenem Bereich.

Ideale Weine dazu:
www.wein.aon.at

Josef Viehhauser

Geeiste Kartoffelsuppe

mit Imperial Kaviar

Zubereitung:

Kartoffeln und Sellerie waschen, schälen und würfeln. Mit dem Lorbeerblatt und etwas Salz in der Consommé garkochen, abseihen und den Sud auffangen. Die Kartoffeln durch eine Kartoffelpresse drücken und die Masse unter ständigem Rühren mit Obers, Crème fraîche und dem Fond langsam erhitzen (nicht kochen!). Die Suppe mit Limonensaft, Muskat, Salz und Cayennepfeffer abschmecken, vollständig erkalten lassen und durch ein Sieb passieren. Den Kaviar zur Nocke ausstechen, in der Mitte des Suppentellers anrichten und den Teller rundherum vorsichtig auffüllen, so dass der Kaviar noch zu sehen ist.

Zutaten:
(Für 6-8 Personen)

4 gr. Kartoffeln
1 gr. Knolle Sellerie
1 Lorbeerblatt
Salz
3/4 l Consommé vom Rind
1/8 l Obers
4 EL Crème fraîche
Saft von 1 Limone
Muskat
Cayennepfeffer
Imperial Kaviar

Tonangebend! Die prominente Koch-Crew v.l.n.r.: Manfred Buchinger, Josef Unterberger, Michael Triebel, Martin Sieberer, Helmut Österreicher, Edi Hitzberger, Heino Huber und Josef Viehhauser.

Bild unten:
Maître Erwin Putzenbacher (ganz rechts) mit seiner vergoldeten Brigade.

Weinempfehlung:

Ein Eiswein oder eine Cuvée davon, am besten aus dem Gebiet in und um den Neusiedlersee oder der größten Eisweingemeinde Großriedenthal.

Ideale Weine dazu:
www.wein.aon.at

Schokoladensoufflée „Medium"

Zubereitung:

Eier, Dotter und Butter an einem warmen Ort etwas temperieren lassen. Die Kuvertüre kleinschneiden und über einem Wasserbad schmelzen.

Die wachsweiche Butter mit einem Handrührgerät schaumig aufschlagen. Zucker und Salz hinzufügen. Nach und nach die Eier und die Dotter in die Butter mixen. Das Mehl dazurühren und dann die lauwarme Kuvertüre dazugeben.

Die Masse in ausgebutterte, gemehlte Förmchen verteilen und einfrieren. Das gefrorene Soufflée in dem auf 180° C vorgeheizten Backofen 13-15 Minuten backen.

Aus der Form stürzen und mit dem Sabayon sofort servieren.

Sabayon: Die Vanilleschote der Länge nach aufschneiden, das Vanillemark auskratzen und mit den Dottern, Zucker und etwas Vanillezucker über Dampf warmschlagen. Danach kurz abkühlen lassen und das halbgeschlagene Obers vorsichtig darunter heben.

Beigabe: Geeiste Schokopralinen.

Zutaten:
(Für 6 Personen)

100 g Butter
80 g Zucker
1 Prise Salz
2 Eier
2 Dotter
80 g Mehl
90 g Bitterkuvertüre

Sabayon:
1 Vanilleschote
2 Dotter
50 g Zucker
etwas Vanillezucker
50 g Obers

Beigabe:
Geeiste Schokopralinen

Seite 143

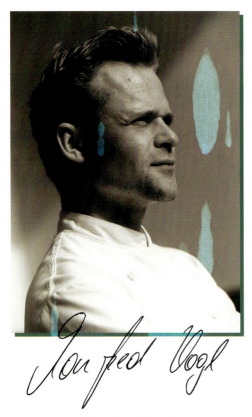

Manfred Vogl

Lebenslauf

Schloss Gabelhofen

Dass sein Weg in die Küche über die Hotelfachschule Bad Gleichenberg führen würde, hat er sich nicht gedacht. Doch schon die erste Station auf seiner „Walz" war ein Volltreffer. Beim „Kleinhapl" in Köflach konnte er als Commis seine ersten Sporen verdienen.

Zweiter Volltreffer war dann Harald Fritzers „A la Carte" in Klagenfurt, der ihn mit seinem unverkennbaren Kochstil faszinierte. Nach Auslandsaufenthalten, unter anderem in der Schweiz, verschlug es ihn an die steirisch-kärntnerische Grenze ins Hotel Hochschober. In den Zwischensaisonen versuchte er immer in „fremden" Küchen zu schnuppern, so im „Celadon" im Paris und bei der „Grande Dame" der österreichischen Küche Liesl Wagner–Bacher.

Im „Palmenrestaurant des Parkhotel Pörtschach" erkochte er sich seine 1. Haube und lernte dort auch seine große Liebe Regina kennen.

2003 hat er im „Schloss Gabelhofen" als Küchenchef seine neue Wirkungsstätte gefunden – gefunden hat er auch seinen eigenen Stil. Seine Philosophie lautet: Aus ehrlichen heimischen Produkten mit internationalen Zutaten sollen kulinarische Köstlichkeiten entstehen.

Weinempfehlung:

Ein gut abgelagerter Neuburger – eine hochwertige österreichische Rebsorte, die leider in der letzten Zeit ein wenig in Vergessenheit geraten ist, z.B. aus der Thermenregion oder der Wachau.

Ideale Weine dazu:
www.wein.aon.at

Manfred Vogl

Potpourri

in Tomatenconsommé mit Currykartoffeln

Zubereitung:

Tomaten, Gemüsesuppe, faschiertes Rindfleisch und Suppengemüse (Lauch, Karotten, Sellerie), Eiklar, Tomatenmark, Basilikumstängel, Thymian und Knoblauch miteinander gut vermischen und in einem Topf bei kleiner Hitze langsam und vorsichtig klären.

Das Saiblings-Filet mit einem Messer vorsichtig von der Haut lösen.
Das Fleisch zwischen zwei Folien plattieren und mit Salz, Pfeffer und Zitronensaft würzen, mit Basilikumblättern belegen und einem Teil vom gekochten Gemüse (Karotten, Lauch, Tomaten, Zuckerschoten) einrollen. Das gerollte Saiblings-Filet wiederum in die vorher abgetrennte Haut einwickeln und auf einem bebutterten Teller, in Frischhaltefolie eingepackt, bei 80° C ca. 9 Minuten garen.

Das Branzino-Filet und das Forellen-Filet in jeweils vier gleich große Stücke teilen, mit zwei halbierten und vier eingeschnittenen Garnelen, auch mit Salz, Pfeffer und etwas Zitrone würzen, und wiederum auf einem bebutterten Teller, welcher auch in Frischhaltefolie eingepackt wurde, bei 80° C für 6 Minuten in den Ofen stellen.

Für die Currykartoffeln werden aus festkochenden, geschälten Kartoffeln mit einem Parisienne-Ausstecher kleine Kugeln geformt und in einem Sud aus Fischfond, Zwiebel, Lorbeerblatt, Koriander und Curry weichgekocht.

In einem tiefen Teller den Fisch, die Garnelen und das Gemüse arrangieren und mit der Tomatenconsommé übergießen.

Zutaten:
(Für 4 Personen)

2 Saibling-Filets
Salz
Pfeffer
Zitronensaft
4 Basilikumblätter
etw. Gemüse (Lauch, Karotten, Tomaten, Zuckerschoten)

6 Garnelen
1 Branzino-Filet
1 Forellen-Filet
Salz
Pfeffer
Zitronensaft

Currykartoffeln:
12 Parisiennekartoffeln
Fischfond
Zwiebel
Lorbeerblatt
Koriander
Curry

Tomatenconsommé:
500 g Tomaten
2,5 l klare Gemüsesuppe
200 g Rindfleisch
100 g Suppengemüse
(Karotten, Sellerie, Lauch)
7 Eiklar
2 EL Tomatenmark
Basilikumstängel
1 Thymianzweig
1 Knoblauchzehe

Seite 147

Manfred Vogl (ganz rechts) mit den anderen Kochkünstlern und deren Commis.

Bild unten:
Viele Köche verderben die Köchin ...?

Weinempfehlung:

Ein kräftiger Blauer Portugieser, der in Frankreich übrigens als „Autrichien" (= Österreicher) bekannt ist, z. B.: aus dem Gebiet Tattendorf oder der Rotweininsel Haugsdorf.

Ideale Weine dazu:
www.wein.aon.at

Manfred Vogl

Mosaik von Hirsch und Kalb

mit Eierschwammerltartar und Steinpilztortelloni

Zubereitung:

Eierschwammerltartar: Die sauberen Pilze grob hacken und in einer Pfanne mit etwas Butterschmalz, den fein gehackten Schalotten und der ganzen Knoblauchzehe anbraten.

Anschließend Thymian, Petersilie, Liebstöckl und zum Schluss den Parmesan untermengen, mit Salz und Pfeffer würzen. In einer Moulinette mit zwei Eiswürfeln fein kuttern.

Steinpilztortelloni: Für den Nudelteig Mehl, Ei, Dotter und Olivenöl gut vermengen und mindestens eine Stunde rasten lassen.

Für die Fülle Steinpilze grob hacken und in einer Pfanne mit Butterschmalz und fein gehackter Schalotte anbraten. Anschließend Petersilie, Zitrone und Parmesan untermengen, mit Salz und Pfeffer würzen. In einer Moulinette mit zwei Eiswürfeln fein kuttern.

Anschließend den Nudelteig dünn ausrollen, die Fülle darauf platzieren, mit etwas Eidotter bestreichen, umklappen, ausstechen und in die gewünschte Form bringen. In kochendem Salzwasser etwa 5 Minuten sieden.

Mosaik: Die Hirschkalbs- und Kalbsrückenteile der Länge nach in 1,5 x 1,5 cm breite Stücke schneiden und würzen. Die Palatschinken mit der Farce bestreichen, das Fleisch als Mosaik drauflegen und einrollen. Mit dem Schweinsnetz einwickeln, scharf anbraten und im Rohr bei 180° C ca. 10 Minuten rosa braten.

Zutaten:
(Für 4 Personen)

400 g Hirschkalbsrücken
400 g Kalbsrücken
Schweinsnetz zum Einwickeln
Salz, Pfeffer, Rosmarin
2 Palatschinken
100 g Kalbsfarce

Farce:
100 g Abschnitte
(beider Fleischsorten)
40 g Obers
40 g Crème fraîche
1 Eiklar
Salz, Pfeffer
2 EL Petersilie
20 ml Weinbrand
2 Eiswürfel

Eierschwammerltartar:
600 g Eierschwammerln
2 EL Butterschmalz
1 Schalotte
1 Knoblauchzehe
etw. Thymian, Petersilie,
Liebstöckl und Parmesan
Salz, Pfeffer

Steinpilztortelloni:
150 g griffiges Weizenmehl
1 Ei, 2 Dotter
etw. Olivenöl, Salz

200 g Steinpilze, 1 Schalotte
etw. Zitrone, Parmesan,
Petersilie, Salz, Pfeffer,
1 Dotter

Seite 150

Lisl Wagner-Bacher

Lebenslauf

Landhaus Bacher

Sie gilt mit Recht als „First Lady" der österreichischen Kochkunst. Wie keine zweite beherrscht die begnadete Autodidaktin, die die elterliche Backhendlstation schon in den 80er Jahren in ein Gourmetrestaurant von europäischem Spitzenformat umwandelte, die hochfeine wie auch die traditions- und erdverbundene Küche zugleich. Obwohl Lisl Wagner-Bacher der rare Fall eines „Naturtalents" ist, hat die „Köchin des Jahres 1982" ihre Küchenlinie immer noch weiter verfeinert und, was noch wichtiger ist, unverwechselbar gemacht. Dabei stand der Dreihaubenköchin neben einer weithin gerühmten Küchen- und Servicebrigade vor allem auch ihr Mann Klaus Wagner zur Seite, einer der profiliertesten Weinkenner Europas, dessen Weinkeller, vor allem in Sachen Bordeaux und – naturgemäß – Wachau zu den besten der Welt zählt. Seit Lisl Wagner-Bacher, die mittlerweile auch von ihren beiden Töchtern tatkräftig unterstützt wird, nun schon vor etlichen Jahren ihr lindgrünes „Kaminstüberl" eröffnet hat, ist ihr an kulinarischen Sensationen wahrlich nicht armes Landhaus um eine weitere Attraktion reicher: nämlich um Österreichs vermutlich größte Kochbuchbibliothek – in der sich übrigens auch ihre beiden eigenen Erfolgskochbücher befinden.

Weinempfehlung:

Eine Riesling Auslese aus hochreifen Trauben mit dezenter Säure im Hintergrund oder ein halbtrockener Rieslingsekt – aus der Wachau oder dem Kremstal.

Ideale Weine dazu:
www.wein.aon.at

Lisl Wagner-Bacher

Köstlichkeit von der Marille

Zubereitung:

Man bereitet den Mürbteig, indem man das Mehl auf die Arbeitsfläche siebt, eine Mulde hineindrückt, in die man die weiche Butter und die anderen Zutaten gibt, alles rasch zu einem Teig verarbeitet, dem man zuletzt die Milch, je nach Festigkeit, beifügt.

Den fertigen Teig etwa 2 mm dünn ausrollen, flache Porzellanformen damit auslegen, bei etwa 170°-180° C vorbacken, dann die Törtchen aus der Form nehmen und auskühlen lassen. Die Marillen halbieren, entkernen und mit Likör und Staubzucker marinieren. Die Menge des zu verwendenden Staubzuckers richtet sich nach dem Reifegrad der Marillen.

Für die Topfenmasse treibt man die Butter mit dem Staubzucker gut ab, rührt die 3 Dotter ein, fügt etwas Salz, Vanillezucker und geriebene Zitronenschale bei und hebt den Topfen vorsichtig unter. Man schlägt Eiklar und Kristallzucker zu Schnee, den man abschließend unter die Topfenmasse zieht.

In jede Mürbteigform legt man 2 Marillenhälften, überstreicht die Früchte mit der Topfenmasse, bäckt die Törtchen bei 180°-190° C. Als Beilage harmonieren gut Haselnuss- und Mandeleis.

Tipp: Für eine größere Gesellschaft kann statt der kleinen Formen auch eine größere Tortenform auf die gleiche Art (ähnlich einer Quiche Lorraine) gefüllt werden.

Zutaten:
(für 4 Personen)

8 sehr reife Marillen
40 ml Marillenlikör
Staubzucker

Mürbteig:
375 g Mehl
225 g Butter
3 EL Staubzucker
3 Dotter
1 TL Salz
etw. Milch

Topfenmasse:
250 g Topfen
80 g Butter
50 g Staubzucker
50 g Kristallzucker
3 Dotter
3 Eiklar
Salz
Vanillezucker
geriebene Zitronenschale

Seite 154

Lisl Wagner-Bacher, die „Grande Dame der Küche" führte mit sanfter Hand Regie bei einem meisterhaften Köche-Reigen. v.l.n.r.: Edi Hitzberger, Hans Haas, Josef Viehhauser, Harald Fritzer, Raimund Stani, Lisl Wagner-Bacher und der Doyen der Wiener Küche Werner Matt.

Bild unten:
Wagner-Bachers unter sich - oder „Das Wachauer Dreimäderlhaus".

Weinempfehlung:

Ein Grüner Veltliner Smaragd aus der Wachau von den Steinterrassen harmoniert zu diesem Gericht vortrefflich.

Ideale Weine dazu:
www.wein.aon.at

Lisl Wagner-Bacher

Zander

mit Roten Rübenstreifen und Krenoberssauce

Zubereitung:

Die Roten Rüben schälen, in feine Streifen schneiden und in Salzwasser mit sehr wenig Kümmel knackig kochen. Die gekochten Streifen in einer Pfanne mit der Bouillon erwärmen, mit Sherryessig, Salz und Pfeffer abschmecken und schließ–lich noch die eiskalte Butter unterschwenken.

Die Zander-Filets salzen, in Weißbrotbröseln wenden und in Butterschmalz braten.

Den Fischfond mit Obers und den Dottern verrühren, am Herd aufschlagen und darauf achten, dass die Sauce nicht mehr zu kochen beginnt. Mit Salz würzen und zuletzt den Kren, je nach Geschmack und Schärfe, beimengen.

Zutaten:
(für 4 Personen)

8 Zander-Filets à 80 g
Weißbrotbrösel
250 g Rote Rüben
1/16 l Bouillon
Kümmel
Spritzer Sherryessig
Salz
Pfeffer
Butter
1/4 l Obers
Fischfond
2 Dotter
Kren

Seite 158

Jörg Wörther

Jörg Wörther

Weinempfehlung:

Eine Cuvée aus weißen Burgundersorten im großen Holzfass ausgebaut, bietet dem geschmacksintensiven Hecht locker Paroli, z.B. aus der Region Neusiedlersee.

Ideale Weine dazu:
www.wein.aon.at

Lebenslauf

Carpe Diem

Wörther kommt nicht nur im Alphabet gleich nach Witzigmann. Der Meisterschüler wie sein großer Lehrer stammen beide aus Bad Gastein, wo Wörther schon als kleiner Bub seine Zeit lieber bei der Mutter am Herd als mit seiner Schwester im Freien beim Spielen verbrachte. Nach der Kochlehre, ersten „Fingerübungen" an der Gulaschkanone des Bundesheeres sowie einem Intermezzo in Viehhausers „Le Canard" zog es Wörther nach München, wo er drei Jahre lang Seite an Seite mit Witzigmann, „dem Chef", in dessen „Aubergine" aufkochte. Wieder nach Gastein in die „Villa Hiss" zurückgekehrt, erkochte Wörther 1990 vor einer hochkarätigen Jury, der unter anderem Jahrhundert-Koch Joel Robuchon und Christian Millau angehörten, den Titel „Koch des Jahrzehnts". 1995 übersiedelte der mittlerweile mit vier Hauben dekorierte und als einer der besten Köche der Welt gefeierte „Mozart der Küche" (so ein begeisterter Kritiker) ins „Porsche-Schloss Prielau" in Zell am See. Mittlerweile ist Wörther „retiriert" und widmet sich mit Feuereifer einem unkonventionellen neuen Fingerfood-Konzept „Carpe Diem", das er gemeinsam mit Lebensmittel-Tycoon Dietrich Mateschitz ab 2005 umsetzen wird.

Jörg Wörther

Hecht gefüllt,
leicht geräuchert, auf kalter Broccolicrème

Zubereitung:

1 Hecht - 600 g geschuppt, ausgenommen und entgrätet.
Den Hecht mit der Farce einstreichen, einschlagen und binden.
Danach 45 Minuten bei 50° C räuchern.

Broccolicrème: Würzen, den Broccoli weich kochen - kalt abschrecken.
Danach pürieren und unter etwas Bechamel ziehen.

Zutaten:
(1 Portion)

1 Hecht im Ganzen

Farce:
50 g Lachsforelle
50 g Sahne
Zitronensaft
Salz
Cayenne
Koriander

Sauce:
100 ml Fischfond
50 ml Weißwein reduziert
auf die Hälfte
70 g Butter
Salz
Pfeffer
Zitrone
Koriander

Broccolicrème:
400 g Broccoli
Bechamel

Seite 163

Backstage

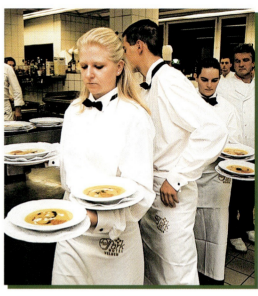

Backstage

Seite 167